L'ange Sex-exterminateur

John Danen

Published by John Danen, 2024.

L'ANGE SEX-EXTERMINATEUR

First edition. June 11, 2024.

ISBN: 979-8227662118

Written by John Danen.

Table des Matières

Introduction.

Ce n'est pas non plus un livre pour enseigner la séduction, tout cela a été laissé de côté. Ce livre est le livre où le bien et le mal se rencontrent. Dans ce livre, je vous dirai ce qu'est un ange sex-terminateur et quelles sont ses motivations. Je vous parlerai aussi de la difficulté de draguer des filles d'une classe sociale plus élevée, de la joie et du plaisir, je décoderai les romans et les personnages et les expliquerai du point de vue du séducteur, je vous parlerai de ce qu'est la production. Beaucoup de choses qui complètent ce qui a été écrit dans les précédents et vous donnent plus de connaissances pour vous battre et gagner dans le jeu de l'amour.

L'ange exterminateur.

Cette histoire d'ange exterminateur m'intrigue beaucoup. Des anges comme Gabriel sont apparus dans des films, qui entre dans un bar en se fracassant la tête tandis que retentissent des trompettes apocalyptiques, et la vérité est que je trouve ce sujet fascinant. Cet ange a plus de pouvoir que n'importe quel démon et, bien que ses actes soient d'une grande sauvagerie, il accomplit la volonté divine, qui est parfois d'exterminer tout un peuple, ou toute la race humaine.

D'une part, il est un être de paix et d'amour et, d'autre part, un exterminateur génocidaire. L'ange exterminateur n'a aucune pitié pour les méchants.

L'ange exterminateur est un messager de Dieu qui rend la justice, donne le royaume des cieux aux bons et extermine les pécheurs avec une épée flamboyante.

Cette figure m'a beaucoup inspiré et je veux en faire le thème central de ce livre. Nous devons être cela, exterminer les anges qui donnent le paradis ou l'enfer comme ils le méritent.

L'ange exterminateur est un être de lumière qui, avec sagesse, donne ce qui est nécessaire à chaque personne avec laquelle il interagit.

L'ange sex-exterminateur.

L'ange destructeur de sexe est un homme juste. C'est celui qui veut faire le bien, celui qui est fatigué de souffrir et de faire souffrir. C'est un homme fatigué d'être normal, c'est un homme fatigué d'être piétiné. Il est aussi fatigué d'être piétiné et d'être mauvais. C'est quelqu'un qui veut que ce monde soit meilleur. À cette fin, il récompense le bien et punit le mal. C'est quelqu'un qui se lève pour équilibrer les choses. C'est quelqu'un qui a beaucoup de pouvoir et d'expérience, qui a tout vécu et qui veut aider les autres. C'est un homme qui a le goût de la vie et du plaisir. C'est une personne magnifique qui donne de la joie et du bonheur à tout le monde, et ce n'est que lorsqu'il sent l'abus prévu qu'il punit, c'est pourquoi nous disons qu'il est un ange. Il a deux côtés : le bon côté positif et amusant, et le côté sombre, le côté de la séduction sombre.

Oui, nous sommes des anges parce que nous rendons la justice, nous sommes des sexos parce que nous faisons l'amour et des terminators parce que nous finissons souvent par faire l'amour. Nous faisons l'amour et nous finissons, nous finissons avec la relation, mais ce n'est qu'une possibilité, la chose normale est de continuer, nous pouvons aussi finir avec son estime de soi si nous faisons le mal à l'excès et bousillons vraiment la vie d'une bonne femme, c'est pourquoi nous mesurons nos actions en essayant d'éviter le mal.

Nous ne trichons pas, nous ne blessons pas les gens pour le plaisir, mais nous sommes justes, nous disons la vérité, nous disons que nous sommes des dragueurs, des baiseurs, que nous voulons nous amuser, qu'ils ne tombent pas amoureux de nous, que nous ne voulons pas leur faire de mal et que nous ne voulons pas qu'ils nous fassent du mal. Ce n'est que si elles sont de vraies garces avec nous que nous appliquerons les arts sombres, ce que nous savons également faire.

Si nous devons mentir pour atteindre nos objectifs, nous mentons, mais nous mentons très peu, juste assez, ou nous mentons pendant une courte période, et toujours dans le but d'éviter la souffrance d'autrui.

Nous savons qu'une femme qui tombe amoureuse de nous n'est pas commode, parce qu'il y a une chaîne de tombées amoureuses. Les hommes qui la poursuivent sont également lésés. Nous sommes des anges et nous voulons faire le bien, et nous essayons de le faire, mais nous sommes aussi des sex-terminators et si l'un d'entre eux est mauvais avec nous, nous pouvons vraiment l'exterminer grâce à notre énorme pouvoir.

L'ange exterminateur se met en marche, il est gentil mais pas stupide, il camoufle sa sagesse, il se métamorphose pour être valable pour la fille, il trompe mais très peu et évite le mal. Il a un grand pouvoir et l'utilise pour séduire et aussi pour ne pas nuire, il ne veut pas nuire.

Lorsqu'une mauvaise femme nous a délibérément fait beaucoup de mal, nous a trompés, nous a utilisés, nous a baisés et a fait tout ce que nous évitons de faire avec elle alors que nous pourrions facilement le faire, alors et seulement alors nous utilisons la séduction sombre, avec le dosage nécessaire pour la baiser aussi, parce que c'est aussi notre mission d'exterminer les mauvaises personnes de ce jeu.

Nous pensons toujours aux conséquences de ce que nous faisons et nous nous demandons si cela lui sera bénéfique ou préjudiciable. Souvent, il est préjudiciable qu'elle continue à baiser les hommes, à abuser d'eux et à les laisser dans un putain de pétrin avec ses mensonges et ses faussetés ; c'est pourquoi nous coupons ce cercle de douleur, parce que derrière ces hommes baisés par elle, il y a des femmes qui sont également baisées par ces hommes, parce qu'elles ne font pas attention à elles et qu'elles souffrent donc elles aussi. C'est donc en faisant le mal que nous rétablissons l'équilibre et que nous arrêtons la **chaîne de la douleur.**

Nous ne devrions le faire que lorsque c'est strictement nécessaire, normalement nous créons **une chaîne du bien en** ne laissant pas cette femme tomber amoureuse de nous. De cette façon, nous la laissons en état de partir avec d'autres, de sorte que tout le monde a sa part du gâteau. Nous ne voulons pas accumuler trop, nous ne voulons accumuler que ce qui est nécessaire, nous accumulons déjà beaucoup, nous laissons aux autres leur chance.

Si nous étions de vrais salauds, nous tomberions amoureux et ferions souffrir beaucoup de femmes, et il y aurait cette chaîne de douleur. Mais ce n'est pas ce que nous voulons, nous voulons être leur joie. Nous donnons de la joie, mais nous sommes aussi quelqu'un dont elles savent qu'il n'y aura pas de réciprocité, et beaucoup d'entre elles tomberont au moins amoureuses et pourront aller au match, et grâce à cela, d'autres gentils garçons profiteront aussi d'elles.

L'ange ne veut ni trop ni trop peu, il a déjà beaucoup de femmes et il fait ce qu'il a à faire. Rétablissez l'équilibre, il ne prendra que ce qui est nécessaire, afin que tous les hommes et toutes les femmes profitent de leur interaction.

Je suis l'**Ange sex-terminateur**, le destructeur, le fléau du mal, l'être de lumière et le séducteur des Ténèbres, celui qui équilibre le système.

Soyez au-dessus de la séduction.

Lorsque vous avez tout fait, atteint tous vos objectifs, puni, pardonné, été bon et mauvais, en fin de compte, la mission qui vous incombe est d'apporter votre énorme expérience au bénéfice des autres. Vous êtes un être de lumière qui apporte la joie et le bonheur. Par la pratique de la séduction, vous transcendez la séduction elle-même et devenez une sorte d'envoyé céleste qui leur apporte ce dont ils ont besoin. Si elle a été placée à vos côtés, c'est qu'elle l'a voulu d'en haut et que vous devez remplir votre mission.

Quelle est cette fille ? De quoi a-t-elle besoin ? Que peux-tu lui apporter ? Oui, il faut être gentil, parce que la vie punit déjà d'elle-même, votre fonction de punition ne sera requise qu'en de rares occasions où vous êtes l'ange exécuteur qui guide l'épée de feu, mais normalement il n'est pas nécessaire de remplir cette fonction. Ainsi, après des décennies et des décennies, vous ne vous consacrez plus à la séduction parce que vous le faites déjà automatiquement sans y prêter attention. Ce à quoi vous vous consacrez, c'est à évaluer si cette fille est digne des cadeaux que vous pourriez lui offrir, et si elle l'est, à réfléchir à ce dont elle a besoin et que vous pourriez lui offrir. Vous réfléchissez également au niveau de la société en général, pour savoir si ce que vous faites est bon ou mauvais pour l'ensemble. Il est généralement bon de s'en prendre à quelqu'un, de faire sa production, de rendre ses prétendants sans espoir, d'imposer sa tyrannie. C'est ce qu'il y a de mieux pour vous et pour l'ensemble.

L'ange et les hommes qui terminent leur vie sexuelle.

Les hommes qui essaient de te concurrencer doivent apprendre les leçons, tu es leur professeur, un professeur suprême qui leur donne la terrible punition pour leur inaptitude. Les hommes sont enseignés par toi, tu fais le bien. Vous les mettez hors jeu, qu'ils en trouvent un autre ! Tu accumules. Tu leur montres le chemin, tu les ramènes à la dure réalité. Vous les exterminez.

Vous ne vous contentez pas de séduire celui ou celle dont vous ne vous souciez pas, vous accablez, massacrez et exterminez toutes les personnes inaptes qui vous croisent. Vous ne le faites pas parce que vous êtes méchant, au contraire, vous êtes gentil et vous leur donnez ce qu'ils méritent, l'extermination. Soit ils apprennent le chemin, soit ils doivent succomber. Vous êtes quelqu'un qui les aide à voir les choses clairement, ils devraient être reconnaissants que vous les exécutiez. Certains s'en remettront et s'amélioreront. Vous libérez le terrain de jeu. Vous les aimez parce que vous avez été comme eux à vos débuts, alors vous les anéantissez. Ils ont besoin d'être anéantis pour s'améliorer. Vous créez la douleur, mais vous **brisez le cercle de la douleur**. Vous les endurcissez, les femmes les verront plus attirants après votre contribution. Ainsi, en accumulant, en intimidant, en étant irrévérencieux, provocateur, vantard et impitoyable, vous faites un grand bien sous l'apparence d'un grand mal.

Examen final des niveaux et de leurs conséquences.

La clé pour comprendre ce qu'est un ange sex-terminator se trouve dans les niveaux. En analysant chacun d'entre eux, nous comprendrons comment atteindre ce niveau dix. Le niveau de l'ange sex-terminateur.

Premier niveau. Ours en peluche.

Les ours en peluche sont le niveau le plus bas qui soit. Ils sont l'ami typique qui est dans la zone d'amis pour toujours. Ils écoutent leurs moindres besoins, ils les réconfortent. Ils les considèrent comme des hommes sans bite, comme des êtres asexués et n'auront jamais rien d'amoureux ou de sexuel avec eux.

Ils le font. Bien, ils font clairement le bien, un **bien infini** qui donne la paix et l'amour inconditionnel.

Ils reçoivent. Le mal, le mal le plus absolu. Ils sont récompensés par un **énorme sadisme** pour le grand bien qu'ils ont fait. Ils sont **punis à mort**.

Ils le font. Ils font le mal avec eux, un **mal terrible et sadique**. Et ils ne se sentent même pas mal.

Elles reçoivent. Elles sont investies d'un pouvoir maximal, elles **se considèrent comme des déesses en** raison de toute l'adulation qu'elles reçoivent.

La société. La société est **infiniment lésée** par les actions de ces ours en peluche, parce qu'ils finissent par **se suicider ou par se retrouver dans des hôpitaux psychiatriques**. Ce qu'ils font, c'est qu'ils augmentent

énormément le prix du marché, ils augmentent les exigences des femmes, parce qu'elles sont très appréciées et qu'ils vont donc restreindre leur accès. Il leur sera alors **difficile de** draguer d'autres hommes, parce qu'ils veulent parfois que tout le monde réponde aux exigences ridicules auxquelles ces flatteurs répondent.

Deuxième niveau. Les imbéciles.

Les imbéciles tombent amoureux, les imbéciles sont doux, les imbéciles vivent d'illusions. L'une des caractéristiques les plus importantes des imbéciles est qu'ils racontent à tout le monde leurs projets amoureux. Des projets qui n'aboutissent jamais. Ils se ridiculisent en donnant une image de désespoir à leurs amis.

Ils le font. Bien, ils font du bien, manifestement un **bien énorme** qui donne la paix et l'amour inconditionnel. Un bien à peine moins grand que les précédents.

Ils reçoivent. Malveillants, ils sont récompensés par le **sadisme** et **sévèrement** punis.

Ils le font. Ils font le mal avec eux, un mal **terrible et sadique**. Ils se soucient autant que les autres, du néant.

Ils reçoivent. Ils sont responsabilisés presque au maximum, ils **se considèrent comme supérieurs** en raison de toute l'adulation qu'ils reçoivent.

La société. Les actions de ces imbéciles **nuisent énormément à la** société, car ils finissent par avoir de **très graves problèmes mentaux** et font grimper considérablement le prix du marché. Les exigences imposées aux femmes sont **beaucoup plus élevées** qu'auparavant, elles sont beaucoup plus valorisées et, par conséquent, elles restreindront leur accès, ce qui rendra difficile pour elles de draguer d'autres hommes.

Niveau 3 : Les demi-tons.

Les demi-fous sont les amis intelligents des imbéciles, ils se distinguent d'eux parce que, bien qu'ils viennent du monde des imbéciles, ils ont plus de succès auprès des femmes parce qu'ils sont moins tendres et un peu plus habiles à séduire.

Ils le font. Le bien, ils le font clairement, un très grand bien. Un bien à peine moins **grand** que les précédents.

Ils reçoivent. Mal, ils sont payés en retour de **manière assez sadique et punis sévèrement.**

Ils le font. Ils font le mal avec eux, un mal **terrible et sadique.** Ils s'en moquent éperdument

Ils reçoivent. Ils deviennent très autonomes, ils se valorisent **énormément** grâce à toute l'adulation qu'ils reçoivent.

La société. La société est **gravement affectée par les** actions de ces crétins, car ils finissent par souffrir de **graves problèmes mentaux** et augmentent **considérablement** le prix du marché. Les exigences imposées aux femmes sont **plus importantes** qu'auparavant, elles sont **beaucoup plus valorisées** et leur accès est donc restreint, ce qui leur rend difficile de draguer d'autres hommes. La difficulté que les trois premiers groupes causent aux autres pour draguer est similaire, car les femmes se rendent compte qu'elles ne peuvent pas exiger des gens normaux les choses folles qu'elles font pour elles.

Niveau 4 : les normaux.

Les gens normaux sont justement des gens normaux, ni intelligents ni stupides. Ils ont eu quelques aventures et petites amies dans leur jeunesse et se sont mariés plus tôt que prévu. Ils sont tranquilles ou semi-tranquilles dans leur mariage.

Ils le font. Bien, ils font du bien, un grand bien. Un bien seulement un **peu moins grand** que celui des précédents.

Ils reçoivent. Malveillants, ils sont récompensés par un **certain sadisme** et sont très souvent **punis.**

Ils le font. Ils font le mal avec eux, un mal **modéré.** Ils ne se soucient guère d'eux.

Ils reçoivent. Ils sont très responsabilisés, ils se valorisent **beaucoup plus en** raison de la forte valorisation qu'ils reçoivent.

La société. La société est **assez affectée par les** actions de ces normaux, car ils finissent par avoir des **problèmes mentaux** et augmentent **un peu** le prix du marché. Les exigences imposées aux femmes sont **un peu plus élevées** qu'auparavant, elles sont **plus valorisées** et restreignent donc leur accès, ce qui entraîne des difficultés pour flirter avec d'autres hommes.

Niveau 5 : Les bretelles. Ou les flirts.

Les dragueurs sont les gars un peu allumés qui parviennent à séduire pas mal de filles et qui s'amusent, surtout dans leur jeunesse. Certains d'entre eux mettent du temps à se marier, c'est pourquoi ils font un peu de trolling. Ils sont moins mous, leur problème est qu'ils ne maintiennent pas leur dévouement dans le temps.

Ils le font. Bien, ils font le bien, un bien modéré. Un bien qui tourne rarement au mal.

Ils reçoivent. Mauvais, ils sont remboursés par l'**usure** et un **peu punis.**

Ils le font. Ils font le mal avec eux, un **petit** mal. Ils ne se soucient que très peu d'eux.

Ils reçoivent. Ils sont responsabilisés, ils se valorisent **davantage** grâce à la valorisation qu'ils reçoivent.

La société. La société est quelque peu **lésée** par les actions de ces dragueurs, car ils pourraient finir par souffrir de **problèmes mentaux** et augmenter le prix du marché. Les exigences imposées aux femmes sont **les mêmes qu'auparavant**, elles sont tout aussi **appréciées qu'auparavant** et, par conséquent, elles ne restreindront pas leur accès, ce qui n'amènera pas les autres hommes à aggraver leurs difficultés à flirter.

Niveau 6 : Les séducteurs.

Les séducteurs sont clairement d'un niveau déjà élevé. Ce sont des hommes qui se consacrent à la séduction et qui se perçoivent comme différents des autres. Leur carrière persévère et bien qu'ils connaissent des ralentissements dus à des engagements, voire à des mariages, ils refont surface et réapparaissent sur le marché, où ils se sentent plus à l'aise. Ce sont des séducteurs de haut niveau mais pas très haut.

Ils le font. Le bien et le mal, ils font un peu de bien, et parfois un peu de mal.

Ils reçoivent. Mal, ils sont **peu** payés et **punis occasionnellement** s'ils se relâchent dans la méchanceté.

Ils le font. Ils font le mal avec eux, un mal **occasionnel**. Ils se soucient beaucoup s'ils font le mal et peu s'ils font le bien.

Ils reçoivent. Ils restent tels qu'ils étaient, ils ont la même valeur **qu'avant** et parfois leur valeur est réduite.

La société. La société reste inchangée par la performance de ces séducteurs, ils finissent bien et le prix du marché reste stable. Les exigences imposées aux femmes sont légèrement **inférieures à** ce qu'elles étaient **auparavant**, elles sont **aussi appréciées qu'avant avec une tendance à la baisse, et** elles faciliteront donc leur accès, ce qui permettra à d'autres hommes de les draguer plus facilement.

Niveau 7 : Les sexducteurs.

Les éducateurs sexuels combinent la séduction et le sexe et beaucoup de filles qui draguent les filles les baisent. Ils sont très sexuels. Ils se perçoivent comme le summum, le prédateur, le mâle alpha. Ils sont conscients de l'énorme pouvoir qu'ils ont, qui est bien supérieur à celui de tous les autres. Ils ont un CV qui est plus de dix fois supérieur à celui d'un homme normal, étant capables de brancher des centaines de filles et, dans certains cas extrêmes, de baiser des centaines de filles également.

Ils le font. Le mal, c'est un peu de mal et parfois très peu de bien.

Ils reçoivent. Bien, ils sont **très** bien payés et très bien **récompensés** s'ils font le mal.

Ils le font. Ils font du bien avec eux, **souvent du** bien. Ils se soucient beaucoup s'ils font le mal et beaucoup s'ils font le bien.

Ils reçoivent. Ils perdent de leur valeur, ils sont **moins** valorisés **qu'avant** et parfois beaucoup moins.

La société. La société bénéficie des performances de ces travailleuses du sexe, qui finissent par s'épanouir et dont le prix sur le marché baisse parfois considérablement. Les exigences imposées aux femmes sont **bien** moindres qu'auparavant, elles sont **moins appréciées qu'avant, avec une tendance à une forte baisse**, et elles faciliteront donc leur accès, ce qui permettra à d'autres hommes de les prendre beaucoup plus facilement. Elles se sentiront moins importantes, plus humbles, elles deviendront plus gentilles. Finalement, elles seront touchées et d'autres pourront être avec elles, même si elles savent que les suivantes ne seront pas à la hauteur des productrices de sexe et qu'elles en seront un peu tristes.

Niveau 8 : Les esclavagistes.

Les esclavagistes ramassent les filles qui ont un pouvoir sexuel, les amènent dans le monde des sadomasos et en font des esclaves sexuelles.

Ils font. Ils font le mal, le grand mal et parfois le petit mal.

Ils reçoivent. Les bons, ils sont **très** bien payés et **énormément récompensés.**

Ils le font. Ils leur font du bien, un bien **régulier et très grand**. Ils se soucient beaucoup d'eux.

Ils reçoivent. Leur valeur diminue énormément, ils ont **beaucoup moins de valeur qu'avant** et parfois très peu, et l'esclavagiste en fait à peu près ce qu'il veut.

La société. La société bénéficie grandement des actions des esclavagistes, ils finissent par s'en sortir très bien et le prix du marché est considérablement réduit. Les exigences imposées aux femmes sont **bien moindres qu'auparavant**, elles sont bien **moins valorisées qu'avant, avec une tendance à l'humilité**, et par conséquent, elles y auront beaucoup plus facilement accès, ce qui permettra à d'autres hommes de les draguer bien plus facilement. Elles se sentiront beaucoup moins importantes, plus humbles, elles deviendront beaucoup plus gentilles. Au fond d'elles-mêmes, elles seront très touchées et d'autres pourront alors être avec elles, tout en sachant que les suivantes ne seront pas au même niveau que les esclavagistes et qu'elles en seront très tristes.

Niveau 9 : Les séducteurs sombres.

Les séducteurs sombres attirent les filles grâce à leur pouvoir, les font entrer dans le monde du sadomaso, en font des esclaves sexuelles et les punissent sévèrement pour tout abus commis par une fille. Ils punissent physiquement par le sadomasochisme et mentalement par les actions des Ténèbres. Ils essaient d'éviter le mal parce qu'ils sont conscients de leur pouvoir, mais si une fille, en raison de son mauvais comportement, mérite les actions sombres, le Ténébreux sera heureux de la punir et de jouir de la punition qu'il lui inflige.

Ils font. Le mal absolu, ils font un mal immense et parfois énorme.

Ils reçoivent. Les bons, ils sont **énormément** payés et **récompensés au plus haut niveau.**

Ils le font. Ils font du bien avec eux, **énormément de** bien. Ils se soucient beaucoup d'eux. Parfois, ils souffrent terriblement.

Ils reçoivent. Ils baissent leur valeur au maximum, ils ont **beaucoup moins de valeur qu'avant** et, bien souvent, ils n'ont aucune valeur et sont des jouets entre les mains du séducteur sombre.

La société. La société bénéficie grandement des performances des Dark Seducers, ils finissent en beauté et le prix du marché chute considérablement. Ils rééquilibrent le marché. Les exigences imposées aux femmes sont **beaucoup moins élevées qu'avant**, elles sont beaucoup **moins valorisées qu'avant avec une tendance à la gentillesse et donc à** faciliter leur accès, ce qui rendra beaucoup plus facile pour d'autres hommes de les draguer. Elles se sentiront beaucoup moins importantes, plus humbles, certaines deviendront même bonnes. Au final elles seront très touchées, et plus tard d'autres pourront être avec elles, mais elles-mêmes sauront que les suivantes ne seront pas à la hauteur du Dark séducteur ni de très loin, et elles se sentiront super tristes pour cela jusqu'à ce que cela leur passe avec le temps. Si c'est le cas.

Niveau 10. Anges sex terminants.

Les anges sexuellement terminants sont des personnes qui ont déjà tout fait, qui ont déjà tout accompli, qui ont déjà été tout avant, qui sont fatiguées de faire le mal et qui, après avoir fait tant de mal, redeviennent bonnes. Ils ont bouclé la boucle, ils sont morts, ils sont renés, ils ont traversé des crises où il semblait que leur vie de séduction était totalement terminée, et ils sont revenus pour vivre à nouveau. Pour vivre encore une autre vie alors qu'elles pensaient que tout était fini. Ils sont comme le phénix qui renaît de ses cendres. Dans le passé, ils étaient doux, stupides, intelligents, plus intelligents, plus intelligents, salauds, encore salauds, méchants, très méchants, esclavagistes, ils faisaient leurs massacres, leurs productions monstrueuses, leurs actions sombres, ils donnaient leurs terribles punitions. Ils ont fait tout cela en plusieurs cycles, ils se sont retirés, mais ils sont revenus à la charge.

Ce sont des gens qui sont au-dessus du bien et du mal, qui ne devraient plus être ici, des gens dont le temps aurait dû s'achever il y a des dizaines d'années, mais ils sont ici en train de contrevenir totalement à toutes les règles du marché par leur énorme pouvoir. Ils deviennent immortels dans la séduction, et ne peuvent être rayés de la carte de la séduction par l'âge extrême ou quoi que ce soit d'autre.

Ils sont de nouveau dans le jeu, mais ils regardent d'en haut, ils regardent tous les pauvres gens qui s'amusent et qui souffrent. C'est comme s'ils étaient déjà morts et qu'ils regardaient tout le monde faire ce qu'ils font depuis si longtemps. Mais eux sont vivants et continuent à jouer. Ils jouent très dur.

Mais ils ne veulent plus être bons et ils ne veulent plus être mauvais, ils veulent maintenant être justes et faire bénéficier la société dans son ensemble de leur participation. Ils veulent aussi aider les autres à atteindre leur niveau quasi divin.

Les Anges qui terminent leur vie sexuelle ne sont pas à la recherche de gros gains, de gros chiffres ou de grandes espiègleries, ils aiment simplement jouer et ne sont pas obligés de courir après les records et de faire les gros sacrifices qu'ils exigent.

Cette complaisance ne produit pas de meilleurs résultats qu'aux niveaux précédents, car ils ne s'engagent réellement que lorsqu'ils en ont envie et font ce qu'ils ont envie de faire, au-delà du bien et du mal.

En réalité, le **niveau le plus élevé est celui du Sexducer**. À ce niveau, vous êtes préoccupé par la production, vous voulez produire, produire en masse, faire un massacre. À partir de ce niveau, qui est le niveau maximum, vous commencez à perdre la tête et vous montez en grade au prix de choses assez folles.

L'esclavagiste cesse donc de se préoccuper de la production et commence à se préoccuper davantage de la **production d'esclaves**, parce qu'il a déjà conquis un grand nombre de femmes et qu'il est à la recherche de nouvelles choses.

Le Dark séducteur, connaissant tout son pouvoir et sa capacité à les soumettre à son maître, à les asservir physiquement et mentalement, veut s'élever en justicier et au lieu de se consacrer à la production de masse comme le producteur de sexe, il se consacre au flirt, mais **avec une tendance à chercher des mauvaises femmes pour les** punir et leur appliquer son sadisme, ce qui le fait aussi sortir de ses gonds. Il pense être celui qui équilibre le système, celui qui en faisant le mal fait le bien, et il a raison, mais aussi à cause de cet air de grandeur, sa production diminue.

Plus encore, l'ange sexuellement destructeur qui se croit au-dessus des autres, et c'est le cas, et qui ne se soucie plus de produire ou de punir à outrance, mais seulement d'être dans le jeu.

C'est ce qui peut vous arriver si vous continuez à séduire en masse, qu'un jour vous perdrez la tête et deviendrez un esclavagiste, ou un Dark séducteur, ou un ange destructeur de sexe.

Ce que je vous dis vous arrivera au moins à partir de 40 ans et peut-être même plus probablement à partir de 50 ans. En réalité, si vous voulez augmenter votre légende en termes de nombre, vous ne devriez jamais dépasser le niveau sept, le niveau sexducteur, parce que tous ces niveaux supérieurs sont un peu fous. Ils vous donneront plus de puissance, oui, une puissance de maîtrise, une puissance qualitative, mais pas une puissance quantitative. Votre programme d'études, votre production, seront bien moindres. Je vous recommande donc de ne jamais dépasser le niveau sexducer, afin d'obtenir les chiffres les plus élevés.

Je ne pense pas que l'on puisse rester indéfiniment en sexdrive parce que c'est très fatigant. C'est pourquoi il est normal que l'on se rende compte que l'on a déjà fait tellement de chiffres que l'on a envie de faire autre chose, que l'on a envie d'asservir, que l'on a envie de punir, ou qu'au moment où l'on a complètement perdu la tête, on se prend pour l'ange sex-terminateur, celui qui est au-dessus de tout et de tous, et que l'on ne se préoccupe même pas de gagner, ni d'écraser, mais d'être simplement là, comme Dieu, à juger tout le monde et à exterminer les gens inutiles au passage.

Ainsi, même si vous avez atteint le niveau dix, ce qui est mon cas, je vous recommande de recommencer en descendant de trois niveaux et de redevenir un simple producteur de sexe. Un sexproducteur travailleur et dévoué qui travaille dur sur sa production en oubliant les niveaux suivants, ce qui ne fait que ralentir sa production et lui faire perdre la tête. Pour redevenir puissant, il faut donc descendre d'un niveau, rester un producteur de sexe et ne pas monter d'un cran.

Ainsi, en tournant autour du cercle, vous abaissez le niveau et vous recommencez à être motivés, à nouveau avec l'illusion d'additionner, avec l'illusion de faire des massacres, avec l'illusion de faire de grandes quantités, et c'est là que vous devriez être. Tant que vous êtes dans la vie, vous êtes dans la lutte. Vous devez être aussi productif que possible, produire et produire jusqu'à ce que vous ne puissiez plus le faire. Ensuite, vous montez d'un niveau pour vous reposer un peu, et vous punissez, vous réduisez en esclavage, ou vous êtes un ange sexuellement destructeur, vous vous reposez un peu à ces niveaux et vous retournez encore et encore à la production de masse, et vous continuez aussi longtemps que vous le pouvez. Ainsi, en mourant et en renaissant plusieurs fois, vous vous dirigez vers la mort, heureux et insouciant.

Moi-même, je renonce à être un Ange qui détruit le sexe et je me considère à nouveau comme un producteur de sexe. J'ai déjà fait tant de choses que je veux en faire une de plus. Et voici l'histoire de comment on devient un ange sex-terminateur et comment on y renonce.

Ils le font. Le bon côté des choses.

Ils reçoivent. Le bien parce que c'est un niveau tellement élevé que même s'ils font le bien, ils ne peuvent pas être punis, et nous nous en moquons.

Ils le font. Ils font le bien, et ce qu'ils font n'a presque pas d'importance.

Ils reçoivent. Ils reçoivent à nouveau du bien.

La société. Elle en bénéficie parce qu'il y a du mouvement. L'ange sexo-terminateur fait l'amour et abandonne, sans se soucier de l'amour, ni du sexe en excès, ni de la production, ni de la punition. L'ange veille à ce qu'il ne lui soit pas fait de mal et l'abandonne rapidement. Elle fait l'amour et finit. D'où le nom de sex-terminator. Terminateur de sexe mais sans rage ni vengeance. Il les quitte pour qu'elles ne souffrent pas de tomber amoureuses d'un vrai vampire immortel, qui veut être bon, mais qui sait à quel point il est mauvais. Pour ne pas leur faire trop de mal et pour qu'elles tombent amoureuses, vous les quittez tôt. D'autres fois, vous ne vous souciez de rien et parfois vous ne quittez même pas quelqu'un avec qui vous êtes bien. On approfondit le sexe et on profite de la vie.

L'ange sexterminateur est à la fois ange et démon. Il veut renforcer la partie divine. C'est un sombre séducteur fatigué du mal.

Il arrive que l'ange abaisse un peu son niveau divin et punisse un séducteur ténébreux, mais seulement s'il estime que c'est bon pour la société en général. Cela ne plaît pas à l'ange, mais il le fera s'il le faut.

À la fin, l'Ange en a assez d'être si gentil et tranquille et choisit de se réincarner en producteur de sexe.

Un peu de culture.

Je ne peux m'empêcher d'être séduit par la vue de quelque chose de parfait, de solide, d'intemporel, de beau. Ce quelque chose dont je parle peut être beaucoup de choses, un bâtiment, une statue, un livre. Il est temps d'arrêter d'être stupide, comme disent les Mexicains, il est temps d'acquérir un peu de culture pour mieux comprendre la séduction et la vie.

Il ne suffit pas de savoir séduire, c'est pour les débutants, il faut savoir comment traiter les filles une fois qu'on les a accrochées, il faut connaître la vie. Pour cela, je me tourne vers les anciens écrivains qui connaissaient la vie. Dans leurs œuvres, parfois il y a des centaines d'années, ils ont déjà inclus des séducteurs très bien reflétés dans leurs œuvres. Apprenons de ces personnages fictifs, car ils ne sont pas vraiment fictifs, ils sont modelés par leur auteur sur un ou plusieurs séducteurs réels qu'il a connus. Les gens ne peuvent presque rien inventer, personne ne peut écrire sur ce qu'il ne connaît pas, les gens reflètent leur monde et leur vie. Et s'il y a des séducteurs dans les romans, c'est que l'auteur en est un ou qu'il les connaît parfaitement. Tout vient de son expérience de la vie, de l'observation des gens et de la compréhension de leur comportement. Certains des séducteurs présents dans les livres sont si bien représentés que je ne doute pas que l'auteur connaissait parfaitement toutes les règles de la séduction, qu'il savait tout et qu'il a voulu le prouver en créant ces personnages. Aujourd'hui, des siècles plus tard, un égal reconnaît son égal et valorise son travail.

Ainsi, des siècles avant les coachs et les écoles de séduction, il y a eu des écrivains qui ont montré la séduction dans toute son ampleur, la séduction gentille et aussi la séduction dure, la séduction sombre.

Je peux témoigner que ces séducteurs sont excellents et qu'il est vrai que nous nous comportons comme dans les romans. Nous pensons tout savoir et être les meilleurs et les meilleurs, mais à toutes les époques il y a toujours eu des dragueurs, des baiseurs, des grands maîtres, des hommes qui, déguisés en hommes selon les époques, étaient de grands connaisseurs de la vie et de la séduction. Je vais donc commenter plusieurs romans que j'ai lus récemment et les traduire dans le langage de la séduction. Ces romans sont décodés et interprétés par ma tête pour en extraire l'essence afin que vous puissiez, si vous le souhaitez, les lire et tout comprendre parfaitement.

Ces romans ont été codés par un séducteur, et ne peuvent être décodés et compris parfaitement que par un autre séducteur.

Les maîtres de l'espace-temps nous parlent à travers ces romans et il faut savoir voir au-delà de l'apparence et des nombreux accessoires qui y figurent. Dans leur essence, ils ont un enseignement et nous montrent ce qu'est la réalité des choses. Une réalité qui est aussi **immuable** aujourd'hui qu'elle l'était il y a un siècle ou deux. Il faut penser au moment de l'espace-temps où ils ont été écrits et comprendre que les choses ne pouvaient pas être dites ouvertement comme elles le sont aujourd'hui, mais qu'il fallait déguiser l'enseignement avec des comportements corrects, de la galanterie et des bonnes manières. L'enseignement est caché derrière de nombreuses couches de ringardise et de ridicule de l'époque. Ce sont des choses qu'il ne faut pas regarder et qui sont là pour cacher la vérité, des choses qu'il fallait mettre pour être accepté par les masses et qu'ils mettaient aussi parce que c'était la façon de se sentir et de s'exprimer à l'époque.

S'ils vivaient au XXIe siècle, ils seraient comme nous.

La séduction dans le roman "Los gozos y las sombras".

Il y a toujours eu deux types d'hommes amoureux, les gagnants et les perdants. C'est ce que reflètent les romans et les films. C'est ce qui s'est toujours passé : plus la beauté et la richesse étaient grandes, plus les femmes étaient nombreuses et de qualité, surtout dans le passé, lorsque les femmes étaient totalement à la merci des hommes et devaient épouser celui qui leur convenait, c'est-à-dire celui qui pouvait subvenir à leurs besoins. Même s'il ne leur plaisait pas, même s'il y en avait d'autres plus beaux et plus séduisants, la propriété, la position sociale et la richesse étaient pour elles le facteur le plus important et le plus décisif. C'est ce que reflète le roman de Torrente Ballester "Los gozos y las sombras",

Ce roman se déroule en Galice dans les années 1930. Don Cayetano, le patron de la ville, fait et défait ce qu'il veut et jouit de toutes les femmes de la ville, même des épouses de ses amis du bar. Cet homme se vantait de coucher avec toutes les belles filles du village et personne ne pouvait lui en enlever une seule. Dans "Los gozos y las sombras", vous pouvez voir que dans cette période des années 1930, dans l'Espagne pré-franquiste, il y avait des gagnants et des perdants très clairs. Quatre-vingt-dix-neuf pour cent étaient des perdants qui se contentaient d'avoir une femme, n'importe laquelle, ou plutôt celle qu'ils pouvaient entretenir avec leur niveau de revenu.

Lorsque quelqu'un a tout l'argent et donne du travail à tout le village, toutes les femmes lui sont redevables, parce qu'il place leurs maris et leur donne du travail. Si cet homme veut se rendre dans une maison pour percevoir en nature la faveur d'avoir cette famille qui travaille, il y va et la perçoit, sans que personne ne conteste quoi que ce soit. Cette histoire, qui est un roman, était très semblable à la réalité.

Ce n'est qu'avec l'arrivée d'un personnage aristocratique, moins riche, mais avec un statut, des parents fortunés, des possessions et de l'influence, que Don Cayetano trouve un rival à sa mesure en matière de séduction. Ces deux hommes se partagent toute la ville de diverses manières.

Don Carlos, le nouveau, est poli, modeste et quelque peu respectueux des femmes, un respect très étrange qui ne fait que déguiser en politesse son profond rejet de chacune d'entre elles, qui sont totalement ignorées et torturées par son indifférence totale. Beaucoup de femmes du village le draguent ou lui disent qu'elles l'aiment bien, mais il reste aussi froid qu'un iceberg, déguisant son aversion totale pour elles en politesse et en bonnes manières. Il les rejette toutes, sauf une. C'est précisément "La galana", l'amante la plus importante de Don Cayetano, que Don Carlos aime séduire et qu'il séduit en rejetant toutes les autres. Don Carlos dit haut et fort que la seule que je veux est celle que tu apprécies le plus et que je vais te l'enlever. Cela provoque une confrontation entre les deux, l'un de la plus ancestrale galanterie et audace Don Cayetano, et l'autre Don Carlos un homme avec beaucoup de verbiage, qui ne dit ni oui ni non et déforme, manipule et cajole avec ses mots polis qui, en fin de compte, ne disent rien.

Ma théorie est que ce Don Carlos est un misogyne au plus haut point, car il rejette toutes les très bonnes femmes qui s'offrent à lui dans le village, et juste pour le ridiculiser et se placer au-dessus de son rival Don Cayetano, il séduit la seule qu'il n'a pas pu draguer, "la galana", qui était la maîtresse officielle de Don Cayetano.

Une femme merveilleuse, Clara, à la vie un peu licencieuse mais au cœur très noble, est totalement dévouée à Don Carlos, qui la fait souffrir, souffrir et la torture par son indifférence totale. Ce n'est que lorsque Cayetano la remarque que Don Carlos la réclame pour lui.

Une autre femme de la classe sociale la plus élevée qui est arrivée au village a été totalement méprisée par Don Carlos, qui a fait semblant d'être ignorant pour lui déplaire et pour qu'elle le laisse tranquille. Au fond, Don Carlos cherchait la liberté, à ne pas être lié à une femme, car il dit plusieurs fois dans le roman qu'il préfère sa liberté, à la fois pour vivre seul et ne pas dépendre de quelqu'un qui travaille pour d'autres, et pour ne pas dépendre d'une femme, puisqu'il fuyait une femme depuis Vienne.

Je vous recommande de lire ce roman parce qu'il vous apprendra beaucoup de choses, en particulier le personnage de Don Cayetano que j'aime beaucoup et qui, bien qu'il soit le méchant du roman, jouit de toute ma sympathie, parce qu'au fond, il est bon, il ne ment pas aux femmes, il ne ment pas aux hommes, il se vante de baiser tout le monde, il est joyeux et fêtard, généreux avec ses amis, et aussi avec les femmes de ses amis, qu'il baise et qu'il traite ensuite de cocu en face. Cet homme est le séducteur éhonté et sans vergogne qui n'a d'égard pour personne, qu'il s'agisse de députés, de maires, d'évêques ou de n'importe qui d'autre. Tous lui rendent hommage, il est le putain de maître de la ville, il est franc et direct.

Le principal protagoniste, Don Carlos, est un homme rusé et froid, un misogyne, un homme qui hait profondément les femmes et qui, malgré son éducation et sa galanterie, les méprise profondément, car aucune d'entre elles n'est à sa hauteur. Il trompe tout le monde avec ses belles paroles qui ne disent rien. Sa grande amoureuse, la femme à qui il est totalement dévoué, Clara, subit des années et des années de rejet, de mépris et d'oubli. Il donne son amour, ou plutôt sa fornication, à une paysanne brutale, à qui il fait également tourner la tête et dont il se débarrasse finalement, la laissant épouser un autre villageois.

Il est curieux qu'entre ces deux hommes se pose le problème de savoir qui est le plus grand salaud. Je pense que ce Don Carlos, que tout le monde considère comme bon, est beaucoup plus un salaud, parce qu'il fait beaucoup souffrir les femmes, en jouant l'imbécile, l'ami, l'éduqué, l'homme bon. Mais dans son cœur, il se sent totalement au-dessus de toutes les femmes, qu'il doit considérer comme indignes d'appartenir à sa famille distinguée. C'est pourquoi, pour satisfaire ses bas instincts et agacer l'autre, il séduit "le galant". Cet homme est froid, rusé, manipulateur, il joue les gentils, mais je ne l'aime pas beaucoup. Pour moi, il est si dur et si froid qu'il devient un imbécile perdu, car il rate d'innombrables occasions. Vous ne pouvez comprendre ce qu'il fait que si vous appliquez ma théorie selon laquelle il est un misogyne dérangé, qui sait que la seule façon d'ennuyer vraiment les femmes est de les rejeter toutes. Un mgtow de l'antiquité.

Tandis que l'autre leur donne de l'argent, les invite, les promène, les fait rire, ils ont tous leur chance, c'est un joyeux fêtard et un jouisseur, de toute évidence Don Cayetano est le Sexducteur, tandis que l'autre est un type qui se déguise en bonté, il est ambigu, il n'est pas défini par un côté ou par l'autre et il est vraiment méchant. Donc, ici, le protagoniste principal est le méchant, et le méchant, du moins à mon avis, est le gentil.

À la fin, ils tentent de renverser Don Cayetano, qui se défend contre tout le monde, vainc tous ses ennemis d'un coup de poing et même les chefs de la ville ne parviennent pas à l'achever.

Je pense que Torrente Ballester qui a écrit ce livre était un homme très intelligent. L'auteur a **divisé ce qui est un séducteur total en deux hommes différents**. D'une part, nous avons la froideur de Don Carlos qui, sous l'apparence de la gentillesse, est un salaud absolu. Un homme qui, pour être aussi impitoyable, rate d'innombrables occasions et n'aime pas du tout les femmes, il n'aime que sa vengeance qui est de les voir souffrir pour lui, et l'autre Don Cayetano, au contraire, est la canaille charmante, le Sexductor qui s'amuse et qui s'amuse avec elles.

Pour réussir, il faut être à 75 % Don Cayetano, le baiseur joyeux et fêtard, et à 25 % Don Carlos, le salaud qui aime plus les voir souffrir que les apprécier.

En fin de compte, ils sont tous deux le même homme dans deux corps différents, ce roman parle de moi.

La séduction dans le roman "Fortunata et Jacinthe".

Ce roman, qui se déroule à la fin du XIXe siècle à Madrid, raconte les aventures de deux femmes, Jacinta, une femme de la classe supérieure, belle et destinée, de par sa position sociale, à épouser un homme riche et beau, et Fortunata, une femme de la classe inférieure qui doit accepter la compagnie de n'importe quel homme qui se présente, et qui subit calamités et malheurs en raison de sa condition sociale. Fortunata est aussi belle, voire un peu plus, que Jacinta, et c'est d'elle que notre protagoniste, Juan Cruz, tombe amoureux. Il a un fils avec elle, qui mourra plus tard. Après ces aventures, il l'abandonne et est contraint d'épouser Jacinta. Mais il ne peut l'oublier et dès qu'il apprend qu'elle est de retour en ville, il retourne la chercher. Fortunata traverse de nombreuses épreuves et doit être admise dans un couvent pour recevoir l'éducation requise par son nouveau fiancé, Maximiliano, un homme faible et maladif qui n'est même pas le dixième de l'homme qu'est Juan Cruz, et qu'elle est obligée d'épouser pour survivre. Dès qu'elle sort du couvent, Juan Cruz l'attend et elle ne tarde pas à le rejoindre, trompant son nouveau mari, qui n'a même pas pu consommer l'acte lors de leur nuit de noces, car il était malade.

Bientôt, la rumeur des infidélités de Fortunata se répand et le nouveau mari, dont je ne me souviens pas du nom parce qu'il est si stupide, ah oui, Maximiliano, va tenter de l'attaquer et est si violemment battu qu'il manque de mourir.

Dans ce roman, nous voyons une différenciation claire entre le séducteur séduisant et le plaisant insensé, d'une manière très exagérée. L'un est un bel homme, dont je doute qu'il y ait eu un homme comme lui en Espagne à l'époque, avec ce genre de manières et cette façon de se comporter, à mon avis, si élégante et polie, un vrai coup de cœur. L'autre était un fou amoureux, un homme doux et mou qui ne faisait que pleurer, malade, en déclarant son amour à Fortunata, un petit homme d'à peine 50 kilos. Ce petit homme, de par sa position sociale, accepte cette femme qui doit l'accepter car sinon, il sera à la rue. Trop de femmes pour lui. Obtenir cette femme contre nature, simplement pour l'argent et la position, se paie par des infidélités constantes et une vie misérable de cocu.

Fortunata, qui est le personnage principal de ce roman, revient sans cesse auprès de son bien-aimé Juan Cruz qui, à chaque fois, finit par se lasser d'elle et la quitte. Elle endure beaucoup de souffrances et, dès qu'il réapparaît, elle revient vers lui.

Elle quitte son mari et se perd, mais un homme plus âgé profite de la situation et fait d'elle sa maîtresse. Elle le laisse faire à cause de sa pauvreté et parce que l'homme est bon sans être stupide, c'est un homme qui est juste plus âgé. Cet homme jouit d'elle mais sa santé souffre déjà de tant de baise et lui recommande de retourner auprès de son mari. Elle y retourne, mais c'est toujours la même chose, le mari est un homme totalement apathique qui n'offre aucune attirance pour elle, dès que Juan apparaît, elle tombe dans les griffes du séducteur. Mais une fois de plus, il la quitte à nouveau.

La pauvre femme subit des épreuves, jusqu'à ce qu'elle en ait finalement assez de tout et se fasse respecter, elle dit ouvertement à tout le monde qu'elle n'aime pas son mari et qu'elle aime le séducteur, elle quitte donc à nouveau son mari et il semble qu'elle rejoigne enfin son amour éternel Juan Cruz. Fortunata accouche seule de l'enfant de Juan et entre même en contact avec les parents de Jacinta, l'épouse de Juan Cruz, qui ne pouvait pas avoir d'enfants et qui les désirait ardemment. Il se passe encore beaucoup de choses et finalement cette pauvre et malheureuse femme meurt et donne l'enfant à Jacinta, mais non sans s'être brouillée avec une autre maîtresse de Juan, ce qui lui coûtera finalement la vie. Le mari de Fortunata, apprenant sa mort, se rend tête baissée à l'asile de fous.

Qu'apprenons-nous de tout cela ? Eh bien, une leçon très dure. Que les séducteurs souffrent un peu, c'est-à-dire qu'ils souffrent un peu, mais qu'ils s'en remettent facilement parce qu'ils ont d'autres amants, qu'au fond ils aiment très superficiellement, mais que les dommages qu'ils causent sont énormes. Dans le cas de Fortunata, les dommages sont énormes parce que cette femme l'aime toujours et ne peut pas l'oublier, et elle meurt littéralement pour lui en se battant avec une autre femme qui a également été son amante. Jacinta, sa femme, souffre beaucoup et, en fin de compte, ils souffrent tous énormément. Celui qui souffre le moins est celui qui fait souffrir tout le monde, Juan Cruz, le séducteur, celui qui fait d'énormes dégâts. Et c'est là que se pose la question importante

L'amour est perpendiculaire, qu'est-ce que cela veut dire ? Je vais développer la théorie. En m'appuyant sur l'exemple de ce roman, je vous dis que ce qui se passe en amour est une chose très curieuse. Le séducteur aime un peu plusieurs femmes. Mais certaines d'entre elles deviennent totalement accrochées à lui, dans ce cas les accrochées sont Fortunata et Jacinta, toutes les deux, mais beaucoup plus Fortunata, qui ne l'a pas et le voit sporadiquement et souffre de ses absences pendant longtemps, Jacinta souffre de ses infidélités, elle souffre aussi, mais moins que Fortunata. En fait, on peut dire qu'elles souffrent toutes les deux plus que lui.

Si nous imaginons que l'amour est une flèche, nous pourrions dire qu'une flèche va de Fortunata à Juan, mais que celui-ci ne la renvoie pas de l'autre côté. Fortunata, ne recevant pas la flèche de Juan, est plongée dans l'angoisse et le désespoir, bien qu'elle soit une très belle femme. Le cœur de Fortunata appartient à cet homme et, bien qu'elle soit libre en apparence, elle ne l'est pas dans ses sentiments. Un homme, Maximiliano, apparaît, qui tombe amoureux d'elle et elle, par nécessité et parce que cela lui convient de survivre et de ne pas être dans la rue, l'accepte, sans l'aimer ni le désirer. Maximiliano tire alors une flèche sur Fortunata, mais elle ne la lui rend pas, parce que le rendez-vous de Fortunata va à Juan. Ainsi, Juan ne crée pas seulement une Fortunata malheureuse, mais l'homme derrière elle, son mari, souffre également du fait que Fortunata ne l'aime pas.

Dans le cas de Jacinthe, cependant, elle lui lance une flèche et il la lui rend un peu, et cette femme souffre moins et a meilleure mine, même si ce n'est pas tout à fait le cas. Cette femme avait aussi un prétendant qui n'osait même pas se déclarer et qui aurait été rejeté lui aussi. La conclusion de tout cela est que l'homme froid et dur s'en sort bien et que tous les autres souffrent en cascade. Fortunata souffre pour lui et Maximiliano souffre pour Fortunata qui ne lui rend pas la pareille, de sorte que l'homme désiré ne cause pas un cadavre amoureux, une fille qui a la vie dure, mais deux, la fille et celui qui est amoureux de la fille. Parce que cette fille n'est plus assez bonne pour être avec les autres, ou même si elle est avec les autres, elle ne se sent pas vraiment heureuse, ni ne rend trop la pareille, deux cadavres amoureux sont créés, la fille qu'il abandonne et l'homme amoureux de cette fille qui souffre parce qu'elle ne lui rend pas la pareille non plus.

C'est comme une course où personne ne se rattrape, d'abord Juan, suivi de Fortunata, qui parfois seulement se rattrape un peu, mais s'échappe à nouveau, derrière Fortunata va Maximiliano, qui n'est jamais proche d'elle et ne le sera jamais.

A la fin, Fortunata meurt parce qu'elle meurt littéralement pour lui et Maximiliano devient à moitié fou et finit dans un hôpital psychiatrique.

C'est un roman réaliste et je le valide en disant que c'est comme ça dans la réalité, rien n'a été inventé ni la dure réalité n'a été édulcorée, c'est comme ça dans la vie, quelques uns s'en sortent indemnes et la grande majorité souffre beaucoup.

C'est là que se pose la question morale.

Si nous n'étions pas ceux qui correspondent peu, ceux qui font souffrir les femmes dans une mesure variable, s'ils n'étaient pas derrière nous, alors nous serions ceux qui les poursuivent et nous vivrions dans la souffrance. Donc, si nous devons choisir entre nous souffrir et les autres souffrir, nous choisissons les autres souffrir, tout en sachant que nous faisons du mal, mais nous ferions encore plus de mal si nous étions ceux qui souffrent, ceux qui poursuivent une femme qui aime un autre homme qui l'ignore.

La vie est dure, tout est relations qui se terminent presque toujours dans la douleur, alors il faut profiter des bons moments que l'on a et essayer de s'amuser et de prendre du bon temps, sans souffrir ou faire souffrir trop de gens, parce que si on est trop salaud on va foutre en l'air la vie des gens, des bonnes femmes qui vont trop souffrir pour nous et cela va se répercuter sur d'autres bons hommes qui leur courent après, et ce sera une **chaîne de douleur.**

Nous ne voulons pas de cela, c'est pourquoi l'ange destructeur de sexe essaie d'être juste.

Nous avons une grande responsabilité, c'est pourquoi nous devons être francs et dire quelle est notre véritable intention, car alors au moins nous ne tromperons pas les bonnes femmes. Elles tomberont toujours amoureuses, mais moins. Nous n'allons pas souffrir, mais nous n'allons pas non plus faire souffrir trop de monde, donc nous allons essayer de nous comporter de manière équilibrée. Nous n'appliquerons la séduction sombre qu'aux femmes très mauvaises. Nous sommes des anges de lumière qui utilisent l'obscurité pour leur stricte défense.

Dans la série télévisée, lorsque j'ai vu l'acteur qui jouait Juan Cruz, j'ai dit dès que je l'ai vu : "Ce n'est pas espagnol ! Il n'y a pas d'hommes comme ça en Espagne. J'ai regardé sur internet et il était bien français. Les Français ont des gestes fins et un port élégant. Je l'ai immédiatement associé à mon ami le Français. À l'époque du roman, il n'y avait pas d'homme comme lui en Espagne, 1,80 m, avec ce genre d'élégance, et je ne me suis pas trompée.

La séduction dans le
roman "Cañas y barro".

Dans ce roman de Blasco Ibáñez, un personnage fantastique représente parfaitement le séducteur, il s'agit de Tonet.

Cet homme était le bel homme du village appelé El Palmar où se déroule le roman, ce village est très proche de Valence au milieu de la lagune. Tonet rendait les femmes folles de lui, parce qu'il était mince, beau, beau, avec un éternel sourire captivant. Dès que je l'ai vu, j'ai su parfaitement que l'acteur qui l'incarnait était soit un vrai séducteur, soit un type avec un énorme talent de séduction. Cet homme, au lieu de travailler avec son grand-père à la pêche dans la lagune, ou de ramasser le riz avec son père, passait son temps à la taverne avec son fidèle ami, pardonnez-moi de ne pas me souvenir du nom de cet autre personnage ha, ha, ha, ha. Ils passaient la journée à boire du vin, parfois ils allaient à la chasse, ou passaient la journée à ne rien faire. Bref, Tonet était un vrai clochard, tellement paresseux que même son père disait qu'il était la honte de la famille parce qu'il ne voulait ni étudier ni travailler.

Cet homme rendait tout le monde fou de lui, mais surtout l'une d'entre elles depuis qu'elle était enfant, une fille appelée Neleta.

C'était sa petite amie, même si elle devait supporter ses liaisons constantes avec toutes les autres. Elle fermait les yeux parce qu'elle savait qu'elle finirait par être l'élue. Cet homme est parti à Cuba pour échapper à la honte que lui faisait subir son père, qui lui reprochait d'être ivre à la taverne et l'humiliait devant tous ses partisans. Au lieu de se remettre dans le droit chemin, il est parti. Pendant son séjour à Cuba, la guerre éclate, mais au lieu d'être effrayé ou intimidé, il s'amuse beaucoup. Dans les lettres qu'il a écrites à sa famille en deuil, à son père, à son grand-père et à sa sœur, il leur a dit que les Guajiras de Cuba étaient très gentilles et lui donnaient tout ce qu'il voulait, et quand on est un homme, elles savent ce qu'un homme veut. Neleta elle-même l'a entendu et s'est éloignée de lui à cause de cela.

La guerre a duré longtemps et on ne savait pas s'il était vivant ou mort. Entre l'impolitesse dont il faisait preuve à l'égard de Neleta, le manque d'intérêt qu'il manifestait pour elle dans ses lettres et le fait de ne pas savoir s'il était vraiment vivant, Neleta a gagné sa vie et a épousé l'homme le plus riche du village, un homme qui était veuf depuis peu de temps. Ce mari était très âgé, il était même proche de la mort en raison de sa mauvaise santé.

Alors qu'on le croyait mort, notre homme est revenu, beau et élégant, comme s'il était le roi lui-même. Toutes les femmes du village étaient stupéfaites, il est revenu plus beau que jamais, avec une moustache, des vêtements blancs à la cubaine, un costume blanc et un chapeau très élégant. La culotte de Neleta tomba littéralement et elle commença immédiatement à tromper son mari avec Tonet.

L'histoire se termine ainsi : à la mort de son mari, Neleta retourna à Tonet et eut bientôt un fils avec lui. Ce fils allait poser des problèmes, car si les gens l'apprenaient, ils lui enlevaient la moitié de l'héritage, et elle-même, devenue très méchante, le répudia. Elle envoya Tonet l'abandonner à l'incluse, qui était une institution pour les enfants orphelins et non désirés. Ce qui se passa fut un véritable drame, car ces romans du XIXe et du début du XXe siècle appartenaient au réalisme, et ce qu'ils recherchaient, c'était cela, le drame à la fin. L'auteur a donc décidé de terminer le roman sur un drame total. Notre séducteur rencontre un pêcheur et tue son propre fils sans le vouloir, de peur d'être vu. Il le met sous l'eau de la lagune pour qu'il ne pleure pas. Puis, horrifié, il va se suicider.

Une fin qui n'est pas du tout logique et très improbable, qui cherche à faire comprendre qu'être comme Tonet porte malheur. Cette fin est rendue ainsi par les goûts de l'époque, parce que c'est ce qu'ils voulaient entendre. Rien de tout cela n'arriverait dans la réalité et notre homme finirait par triompher. À cette époque où tout le monde travaillait et souffrait beaucoup, le fait d'être si gracieux et peu travailleur devait être puni pour que la société le voie d'un bon œil, d'où cette fin tragique. Il vendait plus de livres et plaisait aux gens aisés de l'époque qui ne toléraient pas qu'un fainéant, coureur de jupons, finisse bien.

Ce qui m'a le plus frappé, c'est que lorsqu'il est arrivé, tout le monde était en deuil, n'osant pas lui dire que sa fiancée s'était mariée, mais lui le savait déjà, et c'est le sourire aux lèvres qu'il s'est rendu sur place, si calmement, sans jalousie ni peur. Il est allé se lier d'amitié avec le mari et récupérer le morceau qui était vraiment le sien. Cette absence de jalousie, d'inquiétude et d'engouement m'a époustouflé, c'était un vrai maître en 1900.

L'histoire de cette œuvre montre qu'il devait y avoir des séducteurs à Valence vers 1900. Blasco Ibáñez s'en est inspiré pour créer le personnage de Tonet, car comme je l'ai déjà dit, rien ne se crée à partir de rien, tout vient de l'observation de personnes réelles. Il y a toujours eu des séducteurs froids, durs, insouciants, drôles et fêtards. Ils n'étaient pas toujours bien vus, presque jamais, et c'est pourquoi, dans le roman, il fait de grandes bêtises pour plaire au public biemensensante et formel. Ces gens les détestaient, car ils se sentaient si inférieurs qu'ils souhaitaient leur mort. Les écrivains, sachant tout cela, mettaient les séducteurs dans leurs romans en train de commettre des méfaits qu'ils ne feraient jamais, ils le faisaient pour plaire au grand public. Vous et moi savons que c'est une chose d'être séduisant et une autre d'être méchant. Les séducteurs sont meilleurs que la grande majorité des gens. Les séducteurs aiment, les envieux détestent parce qu'ils ne peuvent pas être comme eux. Putain d'envie.

C'est ainsi que la séduction a été associée au mal. Ce roman a été écrit pour plaire aux envieux et aux médiocres, et c'est ce qui a abondé, mais l'auteur montre qu'il est lui-même un séducteur, ou qu'il les connaît à la perfection. Avec cette fin lamentable, il fait plaisir aux masses et se donne accessoirement le plaisir de raconter une histoire où le séducteur triomphe de tout dans le roman, sauf de la fin. Il introduit en douce une histoire de séduction à leur insu.

La vraie fin aurait été le triomphe total de Tonet. Mais cela ne pouvait pas être assimilé en 1900, il fallait le crucifier, et c'est ainsi que cela s'est fait et que tout le monde a été heureux. L'auteur raconte la vie merveilleuse de cet homme et les lecteurs sont heureux qu'il meure et pensent qu'il l'a bien mérité pour ne pas avoir travaillé, pour s'être tant amusé. Tout le monde est heureux.

Un travail remarquable.

La grande remise à zéro.

C'est pourquoi, lorsque vous avez déjà atteint le niveau maximum, le plus important est de rétrograder rapidement car vous êtes à un niveau de faible compétitivité. Rétrograder en Sexducer vous oblige à vous battre. Vous êtes donc conscient que vous devriez être un ange sex-terminateur mais vous préférez être un simple sexducer et donc vous remettez votre compte à zéro et vous refaites votre massacre.

Tant qu'il y a des objectifs à atteindre, il y a de la vie, on ne peut rester dans cet état paradisiaque que quelques mois. Il faut toujours revenir à l'excitation, cesser d'y croire et revenir au jeu avec l'enthousiasme d'un débutant.

On ne peut pas s'en empêcher, quel que soit l'âge que l'on a, c'est dans le sang. Beaucoup naissent coureurs de jupons par pure génétique et meurent à l'âge de 96 ans en tant que coureurs de jupons.

Je ne transporte plus qu'une seule femme séduite. C'est aujourd'hui, on verra demain !

Passez un bon moment.

S'amuser est la grande occupation de l'ange sex-terminator et de tout séducteur. Si vous êtes heureux, vous transmettez cette joie aux filles avec lesquelles vous interagissez, votre joie les attire car les gens aiment être avec des personnes qui leur apportent de bonnes sensations. Votre fonction est d'être toujours heureux, d'être joyeux. Elles apprécieront cela très positivement, car les gens sont souvent tristes et ont besoin d'une dose de bonne humeur.

Les filles aiment rire et s'amuser. Les hommes sont généralement assez nerveux lorsqu'ils interagissent avec les femmes, ce qui les empêche de bien s'entendre et de se sentir à l'aise avec elles, de sorte qu'ils ne s'amusent pas et ne passent pas un bon moment à cause de cette tension, sachant que vous jouez pour obtenir cette fille sexy. Ils ont également peur de dire quelque chose de désagréable ou de se mettre les pieds dans les plats en donnant leur avis sur quelque chose, et que cela ne plaise pas à la fille. Avec ces limites, ils ont une conversation très politiquement correcte, sans risque, mais sans pouvoir personnel. Cette interaction passe par des canaux très conventionnels, l'interaction n'est ni naturelle ni charismatique.

Ces hommes sont gênés, donc le charisme naturel qu'ils ont plus ou moins ne circule pas. Le charisme qui émane lorsque vous êtes détendu et sans inhibition. Ils sentent cela, la conscience de soi, la tension, et cela les met mal à l'aise.

Ils sont mal à l'aise à cause de la nervosité et de la tension, ils sont gênés et ne disent pas de choses très drôles. Il en résulte une situation un peu tendue qui n'est pas agréable pour eux. Pour compenser cette nervosité, ces types se focalisent exclusivement sur eux, s'intéressent excessivement à eux sans dégager de charisme et se plantent encore plus.

Vous devez être insouciant, comme si vous ne jouiez avec rien, comme si vous la connaissiez depuis toujours, joyeux et désinhibé, ce qui crée de la confiance et du confort. En étant à l'aise, vous la mettez à l'aise. Vous gagnerez beaucoup si, en plus de ce confort, vous vous comportez de manière à susciter l'humour. Ainsi, non seulement la fille ne se sent pas mal à l'aise, mais elle passe un bon moment. Si nous ajoutons à tout cela la confiance en soi, le fait de se sentir séduisant et d'exprimer cette séduction par notre langage corporel, les chances de flirter avec elle augmenteront de façon exponentielle.

Il s'agit de faire en sorte que la fille se sente bien et qu'elle passe un bon moment. Associez l'attrait à l'aisance et à l'humour générés et vous obtiendrez un statut important dans son esprit.

Soyez désinhibé, soyez vous-même, soyez à l'aise et calme, comme s'il n'y avait pas d'enjeu, coulez, amusez-vous, créez de bons sentiments et de l'attirance et tout se passera bien.

De toutes les qualités de la méthode JD, je pense que la désinhibition est la plus importante, car c'est celle qui vous permet de faire ressortir votre vrai moi, de montrer votre charisme et votre personnalité. Si nous sommes nous-mêmes, même si nous améliorons ce que nous sommes, nous serons appréciés ou, dans certains cas, nous susciterons le rejet, mais nous serons authentiques. Normalement, même si, à l'extérieur, les gens ne sont pas d'accord avec ce que nous disons, notre confiance et notre charisme génèrent suffisamment d'attirance pour atténuer ces inconvénients et, même s'ils nous le reprochent, ils aiment les personnes confiantes et charismatiques.

Nous ne séduirons jamais en disant des choses politiquement correctes ou en étant neutres, nous devons émaner notre charisme. Cela ne plaira pas à certains, car personne n'aime tout le monde, mais nous serons honnêtes, sincères et authentiques. C'est pourquoi il ne faut jamais avoir peur de donner son avis sur quelque chose, en veillant à ce qu'il ne soit pas trop controversé, mais donnez votre avis. N'ayez pas peur, comme l'a dit Nicolas Cage dans "The Ghost Rider" - Vous ne pouvez pas vivre dans la peur.

Exercice.

La prochaine fois que vous rencontrerez une fille inconnue, faites en sorte d'être totalement fluide et désinhibé, d'être vous-même, d'être authentique, rappelez-vous que la seule chose que vous avez à faire dans cette interaction est de vous faire plaisir et de vous amuser. Ne vous préoccupez pas d'elle et de ses besoins, mais de votre propre plaisir. Amusez-vous et elle s'amusera.

Production.

La séduction est comme un business, il faut être conscient d'un paramètre très important.

Le paramètre le plus important est la **production**. Qu'est-ce que la production ? La production consiste à flirter le plus constamment possible. Des filles qui passent de l'absence à la présence, qui sont actives et qui, en étant avec vous, peuvent profiter des avantages que vous leur offrez. La production consiste à sortir et à draguer constamment et efficacement. Vous devez draguer beaucoup de filles au rythme le plus élevé possible, presque tout le temps. C'est ainsi que vous produisez des entrées dans votre chaîne de production. Certaines d'entre elles peuvent également entrer dans le **cercle de confiance**. L'objectif le plus important est de faire entrer les filles dans le cercle de pouvoir ou de confiance, car ce sont des filles avec lesquelles vous aimez être, ce qui vous permet de les garder et d'en profiter plus longtemps.

La production déterminera de manière décisive le taux d'entrée dans ce cercle. Vous pouvez produire beaucoup, mais il se peut que peu d'entre elles soient dignes d'entrer dans ce cercle de confiance. Dans ce cas, vous devrez produire davantage, car peu de filles que vous ramassez sont dignes d'entrer dans ce cercle. Il y a un défaut ici, c'est que vous choisissez des filles qui ne vous plaisent pas du tout, ce qui est assez difficile mais qui peut arriver, de sorte que cela ne progresse pas et qu'elles n'entrent pas dans ce cercle. C'est tout à fait normal pour les personnes qui débutent et qui draguent des filles sans avoir de bonnes relations avec elles et sans les aimer vraiment, elles draguent juste pour le plaisir de draguer. Une bien meilleure façon de faire entrer les filles dans le cercle est de les faire entrer plus solidement dans le cercle et de leur donner envie de persévérer et de rester avec vous. De cette façon, avec moins de production, vous obtiendrez un meilleur rapport entre les filles qui entrent dans le cercle et celles qui entrent dans la chaîne de production.

Si la plupart des filles que vous prenez entrent dans le cercle de confiance, alors nous aurons des problèmes logistiques. Dans ce cercle de pouvoir, les filles restent un certain temps, un temps très variable selon qu'elles nous plaisent plus ou moins, ou qu'elles nous posent plus ou moins de problèmes. Mais elles ne peuvent pas y rester indéfiniment. Donc oui, si les filles entrent dans le cercle en raison du volume élevé de production et de notre putain de pouvoir d'attraction qui les y maintient, elles devront aussi le quitter à un rythme proportionnel au nombre de filles qui y entrent. Si elles restent trop longtemps dans le cercle et n'en sortent pas, elles s'accumulent et il devient difficile de les voir et de les garder toutes heureuses. Il faut alors apprendre une autre fonction, celle de **gérer les sorties**.

Comme je l'ai dit à maintes reprises, il est beaucoup plus important d'éliminer que d'acquérir. Éliminez toutes les filles qui posent des problèmes ou, si elles n'en posent pas, celles qui sont moins satisfaisantes, afin de permettre l'entrée d'autres filles qui pourraient être meilleures. Il arrive que l'on se trompe et que l'on élimine des filles qui étaient meilleures que d'autres, c'est quelque chose qu'il faut peaufiner.

Si elles s'accumulent en trop grand nombre dans votre cercle de confiance, vous aurez de sérieux problèmes. Vous devrez faire des sacrifices, la vie du séducteur est faite de sacrifices et parfois, dans les cas de forte production et de puissance, vous ne pouvez pas vous occuper de toutes et vous devrez sacrifier des filles valables. C'est très difficile parce qu'elles ne le méritent pas, mais elles doivent se sacrifier même si elles sont bonnes, parce que vous avez une limite de capacité et si vous l'atteignez, vous devez vous sacrifier parce que vous ne pouvez pas vous occuper d'elles. Il est différent d'éliminer, ce qui est naturel, que de sacrifier.

Ainsi, pour clarifier le vocabulaire du séducteur, nous avons les mots suivants.

Acquérir. Nouvelle fille qui entre dans notre production. Elle n'entrera peut-être pas dans le cercle de confiance, mais au moins nous l'avons acquise. Vous devriez acquérir des filles qui pourraient potentiellement entrer dans le cercle de confiance. Une nouvelle fille que nous avons ramassée peut également être appelée une acquisition.

Il existe deux types d'acquisitions : les acquisitions qui entrent dans la chaîne de production mais n'entrent pas dans le cercle de confiance, ce que l'on appelle les **acquisitions ratées, ou les entrées ratées, les** filles qui ont échoué une fois qu'elles ont été liées. Il y a aussi les acquisitions plus réussies et plus solides qui entrent dans le cercle du pouvoir.

Éliminer. Nous retirons une fille de notre cercle de pouvoir, et donc elle a déjà abandonné, nous l'éliminons parce que d'autres filles meilleures apparaissent. Cette fille est normale, ni bonne ni mauvaise. Cela ne coûte pas beaucoup de peine parce que nous ne sommes pas non plus très attachés à elle. C'est une partie naturelle du processus de production.

Sacrifice. Se sacrifier, c'est rejeter de notre cercle une bonne fille qui méritait d'y être mais qui, à cause de l'attention que l'on doit porter à d'autres qui sont encore meilleures, ne peut pas s'occuper d'elle et doit être laissée. Elle est entrée dans le cercle de confiance et nous l'avons au moins un peu utilisée.

Le gâchis. Parfois, il faut se sacrifier, même sans avoir profité de presque rien et sans être entré dans ce cercle de confiance, et c'est très, très, très dur, parce qu'on gaspille une bonne fille. Cela a tendance à se produire dans les périodes d'immense production et lorsqu'il y a beaucoup de femmes de grande qualité dans le cercle, qui ne peuvent pas être laissées sans surveillance. C'est ce que j'appelle le **gaspillage**.

Se débarrasser. Se débarrasser, c'est ne pas draguer une fille que l'on pourrait draguer, mais que l'on ne fait pas parce que l'on prévoit les énormes problèmes qu'elle va causer à l'avenir.

Je sais que vous avez parlé ici comme s'il s'agissait de marchandises, mon intention n'est pas de les rabaisser ou quoi que ce soit de ce genre, c'est une façon d'expliquer comment fonctionne la production. Je sais qu'ils ont des sentiments, mais vous aussi vous avez des sentiments et vous souffrez, et vous ressentez des émotions et des sentiments avec tout ce que vous faites. Donc, même si je parle ici de logistique, tout cela implique des émotions et des sentiments que l'ange sex-terminateur essaie de rendre toujours bénéfiques pour tout le monde.

Il y a parfois des petites douleurs qui sont inévitables, comme toutes les choses de la vie, mais je dis que l'ange sexuellement terminant cherche à minimiser les dommages causés.

Les entrées, les entrées dans le cercle de confort et les sorties. Vous devez vérifier comment se déroulent les entrées, le cercle de réconfort et les sorties. La vitesse de rotation des femmes dans votre vie, la durée, les bons sentiments qu'elles vous donnent et les bons sentiments que vous leur donnez. Il y a beaucoup de choses à faire et peu de temps pour les faire et les contrôler.

C'est comme une usine, la femme arrive un peu ennuyée, elle entre dans la chaîne de production, vous la transformez, vous lui donnez du bon temps, du bon sexe et de bonnes émotions amoureuses, pas de l'amour, mais des émotions amoureuses, qui la font se sentir bien. Et finalement, quand la fille part parce qu'il y en a d'autres que vous aimez plus, ou parce que vous n'êtes plus excité, elle part plus heureuse que lorsqu'elle est arrivée.

Avec le processus de production, vous lui avez fait du bien et vous l'avez laissée avec plus de capacités sexuelles, plus d'estime de soi que lorsqu'elle est entrée, plus de bons souvenirs, vous lui faites du bien.

Votre production est aussi une production de masse à l'échelle industrielle qui génère des femmes heureuses d'avoir été avec vous. C'est ça la production, transformer des femmes tristes en femmes heureuses, après un processus plus ou moins court ou long, abandonnées à la fin, mais heureuses.

Certains ne parviennent pas à entrer dans le cercle de confiance où se forme la triade, le quartet, le quintette, le sextuor ou autre. Ces entrées qui ne se figent pas, qui vont et viennent rapidement, sont des entrées ratées, qui ne sont pas parvenues à se positionner et qui ne méritent pas vraiment notre attention. Entrées **ou acquisitions ratées.** C'est ainsi que nous appelons celles qui déçoivent et qui sont retirées, ou celles qui disparaissent d'elles-mêmes parce qu'elles ne nous ont pas appréciés à leur juste valeur. Ces filles qui se débrouillaient bien et se trouvaient dans la chaîne de production ont fini par échouer, perdant les avantages qui en découlent, parce qu'elles n'ont pas su nous valoriser correctement. Elles sont éliminées ou disparaissent d'elles-mêmes.

Si une fille nous rejette et n'est pas liée, il n'y a pas d'entrée, c'est elle qui a échoué. Elle n'entre pas dans la chaîne de production et ne bénéficie pas de nos services. Elle a terriblement échoué.

Il y a des entrées et des sorties, des entrées et des sorties. En résumé.

Les intrants dans la chaîne de production sont les acquisitions... les filles qui sont embrassées ou qui ont des rapports sexuels. Dans les intrants, il y a un appauvrissement qui sont les **intrants ratés**, les filles qui déçoivent et n'entrent pas dans le cercle du pouvoir, ces filles deviennent rapidement des sorties et n'ont plus les privilèges et les avantages d'être avec vous.

Les sorties. Elles peuvent être de deux types : les sorties rapides des filles qui n'ont pas réussi leur entrée et qui n'ont pas pu se positionner, et les sorties du cercle de confiance, que l'on peut aussi appeler **cercle de pouvoir**, parce qu'il nous donne le pouvoir d'être avec plusieurs filles et d'avoir le besoin sexuel tout à fait satisfait.

D'autres sortent du cercle du pouvoir de leur propre chef, dans ce cas il s'agit de **pertes**.

Schématiquement, voici comment cela fonctionne.

Schématiquement, voici comment cela fonctionne.

Votre pouvoir de merde

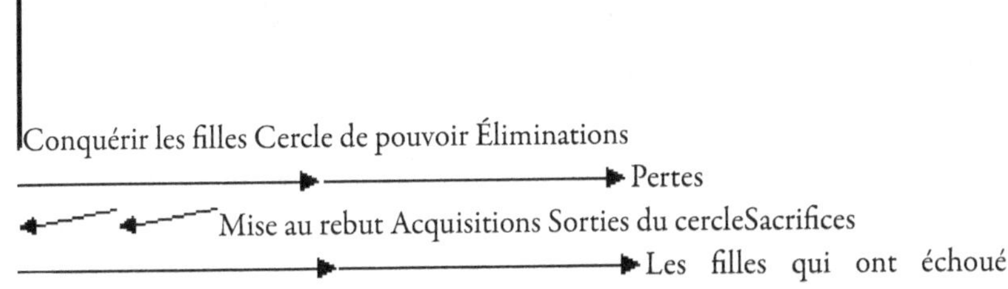

Il ne fait aucun doute que ceux qui n'atteignent pas le cercle du pouvoir ont un taux de rotation beaucoup plus élevé que ceux qui entrent dans le cercle du pouvoir grâce à leurs bonnes qualités et y restent pendant un certain temps.

Un séducteur doit se consacrer à sa production, afin d'augmenter son pouvoir de baiser pour mieux conquérir les filles. Il doit également générer un volume important d'entrées, dont certaines sont infructueuses et ont donc un taux de rotation très élevé, avec des entrées et des sorties très rapides. D'autres entrent dans le cercle du pouvoir et y restent aussi longtemps que nous en avons envie, jusqu'à ce qu'il soit impossible de les maintenir en raison de la pression exercée par de nouvelles et meilleures entrées et de l'impossibilité d'y assister.

Etre un séducteur est très difficile. Vous devrez en écarter certaines, avoir beaucoup de filles acquises mais déçues et devenues des sorties rapides, vous devrez aussi avoir du sang froid pour éliminer et encore plus pour sacrifier des filles valables, qui souvent n'entrent même pas dans le cercle du pouvoir et sont éliminées sans en profiter et deviennent des déchets.

Vous devrez être capable d'**avoir la colle nécessaire** pour transformer les entrées (filles embrassées) en filles du cercle de pouvoir qui veulent être avec nous. Il n'y a pas d'indice pour mesurer combien de celles que vous embrassez devraient entrer dans le cercle de pouvoir, vous pouvez en embrasser beaucoup et aucune n'est valable, ou en embrasser peu et toutes sont valables, cela dépend de la connexion et de la compréhension que vous avez.

Vous devez également disposer d'une bonne cote de profondeur.

Indice de **profondeur** = filles ayant eu des rapports sexuels/filles embrassées=0,5 excellent

0.35 bon,

Moins de 0,35 mauvais.

Le taux de réussite est égal au nombre de filles que vous embrassez et au nombre de filles à qui vous parlez dans l'intention de flirter.

Vous devez en toucher au moins un sur dix, soit 0,1 ou 10 %, et être très bon si vous en touchez 0,33 ou 33 %.

Il ne s'agit pas non plus de mettre toutes les filles que vous embrassez dans le cercle de pouvoir, certaines d'entre elles, vous le savez déjà, auront une rotation rapide et seront des entrées ratées que vous aurez envie d'éliminer plutôt que d'apprécier. D'autres peuvent entrer dans le cercle de puissance. En général, vouloir les faire entrer dans le cercle de puissance implique une certaine mollesse, car vous voulez qu'ils durent. Mais il y en a de magnifiques qui ne posent aucun problème et qui sont très performants. Ceux qui savent à quoi vous ressemblez et qui sentent ce que vous faites, mais qui ne s'en soucient pas trop.

On peut dire qu'il y a une production lente, c'est-à-dire les filles qui entrent dans le cercle du pouvoir, y restent longtemps et en sortent très lentement, et une **production rapide** avec beaucoup de rotation, qui est constituée d'entrées ratées qui entrent et sortent rapidement, parce qu'elles ne nous excitent pas. Il faut combiner les deux. Plus vous êtes fou, plus vous devez produire rapidement.

La production lente permet de connaître les femmes et d'en profiter tranquillement, tandis que la production rapide permet de commettre des massacres et d'obtenir d'immenses CV, ainsi que l'estime de soi et l'image d'un baiseur.

Qu'il s'agisse d'un artisan qui réalise une production lente, minutieuse, belle et parfaite, ou d'un producteur industriel qui n'a guère le temps d'apprécier ses produits, en raison de leur très forte rotation, dans les deux cas, il s'agit de profiter et d'être heureux.

Libération.

Vous ne pouvez pas vous sentir coupable d'être ce que vous êtes.

Beaucoup de séducteurs pratiquent la séduction, mais à cause de la pression sociale qui vous pousse à la formalité, ils se sentent un peu coupables et pensent qu'ils font quelque chose de mal, ou qu'ils sont mauvais pour faire ce qu'ils font.

Vous devez vous libérer et faire ce qui vous rend heureux, ce qui vous fait vivre, ce que vous appréciez énormément. Bien sûr que vous le faites ! Pourquoi tout le monde doit-il être pareil ? Pourquoi tout le monde doit-il élever des familles et s'occuper d'enfants ?

Si vous avez sacrifié cela, si vous y avez renoncé, vous avez le droit non seulement de séduire, mais aussi de changer fréquemment de fille et de vivre heureux. Vous faites bien aussi, parce que vous donnez de la joie, du plaisir et du sexe à ces filles qui savent ce qu'elles ont. Elles se trouveront un mari quand elles en auront envie, mais ce ne sera pas vous, heureusement.

Ne vous sentez donc jamais coupable d'être ce que vous êtes, mais plutôt très fier de faire quelque chose que personne d'autre n'ose faire et qui fait peur à tout le monde. Si les autres croyaient en eux comme vous, ils feraient la même chose et ils n'auraient pas autant de copines et de femmes et ils feraient aussi de la séduction. Alors sentez-vous bien et même supérieur, parce que vous êtes supérieur, parce que tous ceux qui veulent fonder une famille peuvent le faire, mais tous ne peuvent pas séduire.

Le loup est-il désolé lorsqu'il mord le mouton ? Le tigre est-il triste lorsqu'il chasse le cerf ? Ils sont heureux et satisfaits. Vous devez être conscient de votre nature et être fier de ce que vous êtes. Vous êtes le prédateur, le chasseur qui ne se satisfait pas d'une vie monotone et tranquille. Vous fuyez la stabilité, vous fuyez le confort et vous aimez l'action et le dépassement de soi.

Vous êtes le séducteur, soyez toujours super fier de l'être.

Je suis John Danen, le Sexducteur, l'ancien ange sexterminateur.

Avec une voix de tonnerre, ces mots résonneront dans l'air.

Au fil des décennies, vous faites votre production, parfois en masse, parfois petit à petit avec des goulots d'étranglement et des moments difficiles. La production continue toujours, elle est toujours renouvelée, parce que ce n'est pas quelque chose que vous pouvez choisir ou rejeter, ils le choisissent pour vous en raison de vos bonnes qualités. Vous ne pouvez pas refuser une belle femme qui ouvre ses jambes pour vous. Vous êtes condamné et vous devez vraiment vous plier à ce qu'elles veulent. Une délicieuse condamnation. Vous encouragez la séduction mais elles veulent vraiment ce que vous leur offrez.

La différence entre une travailleuse du sexe et un homme normal, c'est que la travailleuse du sexe fait des efforts et obtient beaucoup, alors que l'homme normal est frustré parce qu'il n'obtient rien.

C'est quelque chose que vous avez tellement programmé que cela fait partie de vous, de votre vie, et vous ne pouvez en aucun cas y renoncer. Ainsi, les années passent et votre sagesse s'accroît de plus en plus. À un moment donné, une fille vous rattrape un peu, mais vous continuez à produire à un rythme modéré. Vous savez toujours que vous pouvez faire beaucoup plus et, en fait, vous passez de nombreuses années à nager entre deux eaux, entre fréquenter une fille plus formelle et continuer à flirter. C'est pourquoi vous ne faites pas une production encore plus monstrueuse, vous faites toujours une production énorme. Pas à la vitesse de la liberté totale, mais à une bonne vitesse.

Petit à petit, le marché se restreint et il y a moins de femmes de votre âge qui vous conviennent, ce qui fait que vous faites encore moins d'efforts, car il y a peu de prix à gagner, mais il en reste, et comme vous ne pouvez pas vous arrêter, vous continuez encore et encore. Puis vient un moment où l'on ne se préoccupe plus trop de la production de masse, mais plutôt de se faire plaisir, d'être bien, de vivre sans trop se fatiguer, et si l'on produit trop peu, on ne se martyrise pas pour autant. Mais ce n'est pas vraiment quelque chose de satisfaisant, c'est juste supportable. C'est dans la production de masse que l'on se sent vraiment à l'aise.

Les jours où vous vous libérez de vos contraintes, vous libérez toute la rage accumulée et vous faites un petit massacre très concentré. Il arrive qu'une année entière de production soit produite en un seul mois de véritable folie. L'ange sex-terminator pourrait faire beaucoup plus, mais il pense que les efforts qu'il doit faire ne sont pas compensés par le peu de butin qu'il peut obtenir. Un butin de femmes plus âgées, plus lourdes et plus exigeantes.

C'est pourquoi, parce qu'il est au-dessus du bien et du mal, l'ange sexuellement terminant finit par se lasser de l'être. Il arrive un jour où **votre sang bouillonne** et où vous redevenez vous-même, votre vrai moi sans limites. Vous cessez d'être un ange sex-terminateur et redevenez un producteur de sexe libre, réalisant votre production de masse dans la mesure où votre physique et votre âge le permettent. Vous faites une excellente production infiniment supérieure à toutes celles de votre âge, vous en savez plus que jamais et vous faites de véritables massacres bien après 50 et 60 ans.

Il y a donc des cycles, des cycles de plus grande tranquillité et des cycles de forte production. La vie est longue et à la fin, le jour de votre mort, vous aurez fait une production brutale. C'est le jour où votre carrière de baiseur s'achève.

Les décennies passent et vous retournez dans des endroits où vous avez fait du ramassage il y a 20 ou 30 ans, parfois même 40 ans, et vous vous dites : "Où sont les femmes que j'ai ramassées ici ?

Parfois, par hasard, vous remarquez une femme et vous remarquez quelque chose de spécial chez elle, parce qu'il y a quelque chose qui vous attire chez elle. J'ai rencontré des femmes que je ne reconnaissais même pas, mais que je remarquais à cause de quelque chose, et en y réfléchissant, je me suis rendu compte que c'était des femmes avec lesquelles j'avais couché il y a des dizaines d'années. Elles ont quelque chose de spécial qui vous fait vous souvenir de ce qu'elles étaient quand vous étiez avec elles. Un certain nombre d'entre elles sont en mauvais état, mais la plupart sont en pleine forme, elles sont proportionnellement plus attirantes que lorsqu'elles étaient jeunes.

La vie du baiseur est longue et sa production est énorme. Et si heureuse et insouciante, avec des moments où tu te déchaînes et deviens un vrai prédateur qui séduit en masse comme si tu avais 23 ans, et d'autres où tu es plus calme, la vie passe et tu fais ta légende. Celle-ci restera dans votre mémoire, la production que vous avez faite, les moments que vous avez vécus, les plaisirs que vous avez ressentis, personne ne vous l'enlèvera et même la mort ne pourra l'effacer, car elle sera sauvegardée pour toujours de manière mystique dans un lieu de stockage de données. Dans mon cas, ce ne sera pas nécessaire, car ils resteront dans les livres qui inspireront d'autres personnes à suivre mon chemin.

Je ne suis pas celui qui drague le plus, ni celui qui baise le plus, ni celui qui drague le plus facilement, je ne suis pas le meilleur en quoi que ce soit, malheureusement je ne suis pas celui qui en fait le plus. Tout ce que je suis, c'est quelqu'un qui se soucie vraiment de séduire les femmes et cela me motive et me donne une immense satisfaction. Je vis pour cela. C'est tout ce que je fais vraiment, je vis pour ça.

Ma production s'est poursuivie, une production qui fête cette année son 40e anniversaire, soit quatre décennies entières, consacrée depuis 1983. On a l'impression qu'il s'agit d'une entreprise fondée en 1983, et on se dit qu'elle a un sacré pedigree. Ha, ha. Peu après ma naissance, à l'âge de 13 ans, j'ai commencé à produire. Deux siècles de production, mec, pas tant que ça, mais une production étalée sur deux siècles, c'est vrai. Et donc, comme un vampire qui aime sortir la nuit, je continue ma tâche, apportant la joie, apportant le bonheur, de poussière en poussière, de baiser en baiser, de massacre en massacre, augmentant la légende.

Je suis John "fucking" Danen, un Sexducer, un serviteur des femmes. Un vrai féministe, quel plus grand féministe qu'un homme qui fait l'amour aux femmes ? Je me consacre à la seule chose qui compte pour moi, la production. Je serai immortel grâce aux livres. Et vous saurez que j'ai existé, vous recevrez l'influence de mes mots et vous deviendrez aussi un producteur de sexe, un vampire, un producteur artisanal qui chouchoute son travail et en même temps est capable de produire en masse.

Comme le Français et moi l'avons dit il y a des décennies

"Nous sommes là et nous ne nous arrêterons jamais.

Qui veut être formel quand on peut vivre en séduisant les femmes ?

J'ai beaucoup écrit à ce sujet, mais je **n'ai vraiment pas de mots** pour décrire l'immense satisfaction que l'on éprouve quand on séduit, quand on va de femme en femme, de lit en lit, quand elles vous adorent, quand on est le meilleur. Il faut le vivre. Tous les efforts et les sacrifices que vous ferez vous seront rendus avec une énorme générosité. Vous atteindrez des moments d'extase de puissance, de sentiment d'être le maître, le putain de maître, de vous envier et d'aimer tellement être vous que vous vous aimerez vraiment totalement.

Et non, cela ne se termine pas mal comme le voudraient les envieux, vous aurez vraiment vécu.

Une seule journée d'un chauffeur sexuel au sommet de sa puissance vaut plus que la vie d'un homme classique.

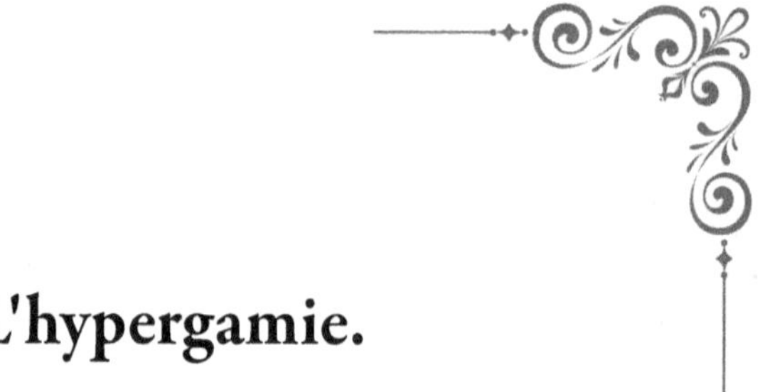

L'hypergamie.

L'hypergamie est la caractéristique que possèdent presque toutes les femmes et qui les incite à s'attacher à des hommes d'un rang social plus élevé qu'elles.

La confiance en soi est la chose la plus importante et si vous ne l'avez pas, vous serez totalement exclu du jeu, mais en dehors de la confiance en soi, c'est un facteur très important, car même si vous êtes très confiant, vous pouvez être exclu si vous n'avez pas le même statut social qu'eux.

J'ai toujours travaillé dur, j'ai toujours essayé de draguer les filles, je ne me suis jamais soucié de leur classe sociale, j'ai juste fait en sorte qu'elles soient belles ; qu'elles soient femmes de ménage ou marquis, je m'en moque.

Les Marquises, je ne les ai pas ramassées, alors je ferais mieux de m'en débarrasser. Pendant que je me débattais et que les filles ne venaient pas facilement, j'ai observé que d'autres hommes qui restaient là sans rien faire et sans être plus beaux, plus attirants ou avoir un quelconque avantage, obtenaient de meilleures filles que moi, et ce sans faire beaucoup d'efforts.

J'ai décodé cela et j'ai compris que c'était dû au statut social de ces hommes.

Un homme qui a de l'argent a d'énormes avantages, mais d'énormes avantages. Examinons tous les avantages dont il dispose.

Vous pouvez aller dans de meilleurs endroits, comme des pubs plus chers, vous pouvez commander de meilleures boissons qui laissent moins de gueule de bois, qui sont meilleures et qui vous donnent un meilleur point. Vous pouvez voyager davantage, vous pouvez vous rendre dans des endroits plus chers, séjourner dans de meilleurs hôtels, manger dans de meilleurs restaurants. Vous voyagerez aussi plus vite ou plus confortablement, ou les deux, en première classe ou dans une luxueuse Mercedes. Tout cela n'est que confort et privilèges, mais au prix d'un énorme gaspillage d'argent. Cette vie agréable et confortable est ce qu'ils veulent et ils choisissent ces riches non pas pour ce qu'ils sont, mais pour ce qu'ils peuvent leur faire vivre. Ils ne leur offriront peut-être pas des sensations aussi folles et amusantes que le chauffeur sexuel, mais ils leur donneront des baisers très chers, dans des endroits tels que Rome, Paris, New York, Bali, Tahiti, Bora Bora, Istanbul.

Les riches peuvent également porter des vêtements plus beaux et plus chers qui sont censés être de meilleure qualité. Il est faux de dire qu'ils ont plus de qualité, ce qu'ils ont c'est la marque distinctive qui les sépare des autres, le logo de l'entreprise qui fabrique ce vêtement qui est une véritable escroquerie, et ils n'ont pas plus de qualité, ni ne sont meilleurs que les autres ; mais ils ont l'image, l'image de ce logo qui est ce qui différencie les riches des pauvres.

Le pauvre peut être habillé plus confortablement et selon des normes plus élevées, mais il ne bénéficiera pas du logo de la richesse que porte la marque.

Le riche pourra conduire une meilleure voiture, plus chère, plus récente, plus technologique. Il pourra voyager presque continuellement, car de nombreux riches n'ont même pas besoin de travailler, ce qui constitue un autre avantage considérable, car ils ont de l'argent et du temps. Leurs employés travaillent déjà pour eux. Certains d'entre eux ont donc beaucoup de temps libre et peuvent toujours sortir et faire la fête.

Les filles le voient et le remarquent, et automatiquement, par ses vêtements, son attitude et ses manières d'une personne raffinée qui n'a pas travaillé trop dur, une personne qui s'est perfectionnée et s'est concentrée sur l'élégance et la finesse, il est immédiatement détecté. Détecté et très apprécié par les femmes.

Elles ont aussi l'avantage de pouvoir se faire opérer pour améliorer leur physique, elles peuvent se faire refaire le nez et le ventre, elles vont dans des salles de sport, elles ont des entraîneurs personnels, des diététiciens, bref, des avantages aussi au niveau de leur physique.

Je pense que l'une des choses qui les distinguent le plus, c'est qu'elles peuvent aller dans des endroits exclusifs, très chers, des endroits que seuls les riches peuvent s'offrir. Elles y trouvent facilement ces hommes. Ils boivent allègrement des bouteilles de champagne à 300 ou 1 000 euros.

Elles pensent que ces hommes peuvent leur offrir une vie confortable et luxueuse sans travailler toute leur putain de vie. En termes de beauté, l'homme riche est sans aucun doute préférable pour ces femmes, et même s'il est beaucoup plus laid, il peut être préférable en raison de la vie de luxe qu'il peut leur offrir.

L'enfoiré de Valence et le Français lui-même ont de l'argent, les femmes le voient et cela leur donne aussi un énorme avantage sur les autres.

Il y a aussi un groupe de femmes qui sont totalement inaccessibles à tout séducteur. À ce séducteur, elles ne reconnaîtront que son attrait et sa beauté, elles diront qu'il est superbe et que c'est un homme très séduisant ; mais elles ne sortiront jamais avec lui en raison de son manque d'argent, qui est ce qu'elles apprécient le plus.

Dans mon travail, j'avais une patronne très élitiste, pour ainsi dire, qui côtoyait de telles femmes, qui s'intéressaient aux millionnaires et travaillaient le strict minimum. Sa façon de s'élever dans la société était de les épouser pour s'approprier tous leurs biens. Pour vivre la vie de luxe qu'elles ne pouvaient pas s'offrir seules. L'une des amies de ma patronne était une fille particulièrement belle et séduisante, très sexy ; en plus, elle était très gentille, c'était une femme pratiquement parfaite, grande, belle, gentille, tout ce que j'ai dit précédemment. Cette femme, qui reconnaissait mes attributs et ma capacité de séduction, ne s'est jamais intéressée à quoi que ce soit d'amoureux avec moi, mais elle sortait plutôt avec des millionnaires qui possédaient des Porsche hors de prix, des grandes entreprises, ou directement avec des gens de la noblesse. Elle a fini par épouser un comte, ou un duc, je ne sais plus. Mais il possédait d'immenses propriétés et menait une vie très confortable de multimillionnaire. Un jour, j'ai dit à cette femme, puisqu'elle ne faisait pas assez attention à moi, pourquoi ne me présentait-elle pas à l'un de ses amis, et elle m'a dit : "Tu es très beau John, mais **tu n'as pas de portefeuille**. Elles ne veulent pas aller avec des gars comme toi.

C'est de l'hypergamie à l'état brut, la seule façon de séduire ces femmes est d'avoir de l'argent et de l'utiliser généreusement.

Les meilleures femmes, les plus belles, les plus attirantes, vont presque toujours avec des millionnaires et elles ne regardent que cela, la richesse, étant ennuyées qu'un homme bon les sorte de leurs schémas mentaux et qu'elles puissent se sentir attirées par le fait qu'il soit pauvre. Cela les met très en colère et, très vite, si elles ont eu une liaison avec lui, elles l'éliminent et retournent auprès de leur millionnaire. A condition qu'il réussisse à les récupérer.

Oui, être millionnaire est un avantage, si en plus vous êtes millionnaire et beau, alors c'est un avantage infini qui produit une très grande puissance.

Si vous êtes un millionnaire séduisant, vous établirez des records mondiaux en matière de séduction et flirter sera pour vous comme commander une bière, une évidence. Aucune femme intéressée et saine d'esprit ne pourra résister.

Que peut faire le producteur de sexe dans cette situation ? La chose la plus raisonnable à faire est de renoncer à toutes ces femmes et de se concentrer sur des femmes de qualité similaire, mais qui ne sont pas intéressées par les choses matérielles. Les autres ne vous pardonneront jamais de ne pas être riche. L'amour n'existe pas pour elles, pas plus que l'attirance, et si un jour elles se mettent à fréquenter un pauvre beau garçon, comme un mannequin ou quelque chose du genre, elles le quitteront rapidement, honteuses, et retourneront auprès de leur riche papa qui leur offre luxe et richesse.

Il est très difficile de prétendre être millionnaire, si vous gardez une façade solide, par exemple les vêtements, vous n'aurez pas d'argent pour les autres façades que sont les voyages, les hôtels, les repas, les voitures, les maisons, bref vous serez découvert !

Face à cela, soit vous les abandonnez, soit vous devenez vraiment riche, soit vous vous foutez de tout ça et vous vous concentrez sur vos bonnes femmes qui vous apprécient pour vous-même et non pour vos possessions.

Ils disent ensuite que les femmes sont bonnes et dignes d'éloges, alors que cela n'arrive pas aux hommes, sauf en de très rares occasions, et qu'il est en outre mal vu que des hommes s'intéressent à l'argent des femmes. En outre, il est mal vu que des hommes s'intéressent à l'argent des femmes, mais il est très bien vu que des femmes le fassent.

Bref, n'en avez rien à foutre car vous ne ratez que des femmes mauvaises, superficielles, intéressées, qui ne vous aiment pas, et qui ne valent pas la peine d'être rencontrées ou flirtées, car en plus de tout l'argent qu'elles vont vous prendre, elles ne vous donneront que des désagréments et un faux amour, qui disparaîtra complètement dès que vous ne paierez plus pour leurs caprices. Ce sont des petites amies payées. Il n'y a pas d'amour s'il y a de l'argent.

Le phénix.

Le producteur de sexe refait toujours surface, comme tout le monde, vous avez de mauvais moments et vous pouvez avoir de grosses crises, mais vous êtes le producteur de sexe et vous êtes conscient de l'être, c'est pourquoi vous revenez toujours sur le marché en triomphant. C'est une question de mental, vous pouvez avoir une crise à 18 ans, à 25 ans, à 30 ans, à 40 ans, à 60 ans, et peut-être que votre meilleur moment est à 75 ans. Tout dépend de votre esprit, de votre sécurité et de votre confiance. Il ne s'agit pas d'être ou de ne pas être quelque chose, mais de se sentir bien dans sa peau. **Dès que vous vous aimez, les autres commencent à vous aimer.**

À dix-huit ans, j'étais en plein essor et à dix-neuf ans, j'étais à la retraite avec une petite amie. À 22 ans, j'ai refait surface, à 25 ans, j'ai sombré à nouveau, à 26 ans, j'ai refait surface et j'ai tenu bon jusqu'à l'âge de 44 ans. J'ai connu une nouvelle crise et j'ai rebondi, puis une autre vers 52 ans et j'ai rebondi à nouveau.

Rien ni personne ne peut arrêter votre pouvoir, dès que vous vous remettez les idées en place, que vous prenez conscience de votre putain de pouvoir, vous redevenez attirant, plus dévoué, plus motivé, et vous redevenez un leader du marché.

Hermes Gasparini.

Je suis un fan de bras de fer et je suis pas mal de personnages comme Devon Larrat ou John Brzenk. Il y a maintenant un nouveau gars appelé Hermes Gasparini qui est actuellement classé numéro deux mondial et qui n'est battu que par Levan Saginashvili.

Cet homme, Levan, est un véritable monstre, un géant aux bras et au corps monstrueux qui pèse près de 200 kilos. Il est grand mais il a l'air d'un homme très bon, personne ne peut le battre. Hermes Gasparini l'affronte et le met en difficulté, et il est l'un des rares au monde à pouvoir le faire.

Eh bien, nous sommes comme cet homme, Gasparini, un homme d'apparence presque normale, il a l'air très fort, mais ce n'est pas un monstre, c'est même un homme séduisant, un homme normal qui est devenu plus musclé, un homme qui sait parfaitement flirter, un homme qui a l'air presque normal mais qui est capable de tenir tête au numéro un mondial et qui bat normalement tous les autres.

Nous sommes comme cet homme, en ce sens que nous ne sommes ni les plus grands, ni les plus beaux, ni les plus forts, ni les plus intelligents, ni les plus séduisants, ni les plus confiants, ni les plus agréables à côtoyer. Nous ne sommes pas les meilleurs en quoi que ce soit, mais nous avons une combinaison de qualités qui nous rend super compétitifs, et sans être les meilleurs en quoi que ce soit, pas même dans le dévouement que ce jeu exige, nous battons pratiquement tout le monde ; c'est ça être un pilote sexuel. Un homme d'apparence normale, fort dans tous les domaines, mais qui n'est le meilleur dans aucun d'entre eux et qui bat tout le monde presque à chaque fois. Les séducteurs font plus avec moins, nous allons beaucoup, beaucoup plus haut que vous ne pouvez l'imaginer.

Nous appliquons à la séduction une force comparable à celle d'une presse hydraulique. Une force qui ne cesse jamais. Une force toujours croissante qui écrase totalement la résistance des filles.

Jeu truqué.

Souvent, les filles interagissent avec nous, mais elles ne le font pas parce qu'elles sont attirées par nous, mais parce qu'elles ont un intérêt caché. Cet intérêt peut souvent être motivé par la recherche d'un profit, comme une invitation à boire un verre ou une bière. La plupart du temps, ils le font pour se mettre en valeur et rendre jaloux ceux qui sont l'objet de leur intérêt. C'est ce que j'ai appelé le "jeu de dupes".

Dès que vous détectez le jeu de dupes, ne le laissez pas continuer, dites-lui que vous savez ce qu'il fait, qu'il se sert de vous, que vous n'êtes pas stupide et que vous êtes au courant de ses ruses. Faites-vous respecter et n'entrez pas dans son jeu. Ne parlez pas de sortir avec elle et n'essayez pas de la draguer. Ne lui faites pas plaisir. Ils ont tout ce qu'ils veulent quand ils le veulent, ils en ont même assez, ne stimulez pas davantage leur ego, identifiez leur jeu de dupes et arrêtez-le à la racine.

Vous saurez s'il y a un jeu lorsqu'elle est avec vous mais regarde constamment quelqu'un d'autre, ou si elle garde une attitude froide et distante, plus préoccupée par le fait d'être vue avec un homme séduisant comme vous, que par ce que vous dites, ou ce qui se passe entre vous deux. Il s'agit là de ruses féminines qu'il ne faut évidemment pas tolérer.

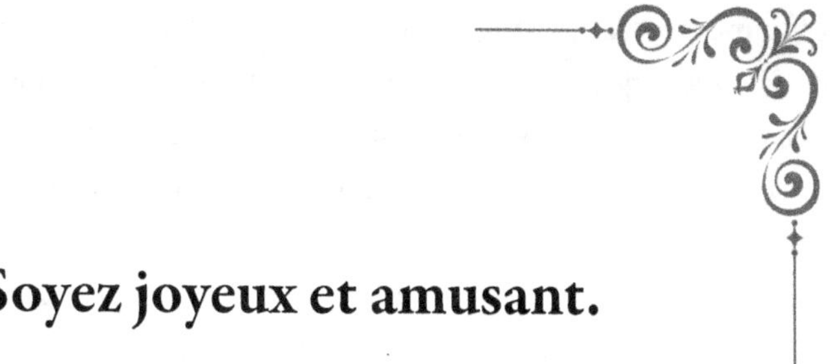

Soyez joyeux et amusant.

Faire la fête devrait être votre religion. Profitez de toutes les occasions pour sortir, même les jours où il n'y a pas beaucoup d'ambiance sont propices pour s'amuser, car il est plus facile d'établir le contact. La fête, c'est la vie.

Nous devons bannir totalement l'apathie, l'ennui et la monotonie de notre personnalité. Nous devons être de véritables fans de la fête et apporter notre propre fête partout où nous allons. Où que nous allions, nous laissons notre marque, nous pouvons chanter dans la rue, siffler, saluer des gens que nous ne connaissons pas, montrer au monde que nous sommes heureux et que tout va vraiment bien pour nous.

L'état naturel du conducteur sexuel est l'euphorie. Euphorie parce que vous avez la vie que vous voulez avoir, parce que vous faites ce que vous aimez, parce que vous appréciez énormément ce que vous faites, parce que vous tirez d'énormes avantages de ce style de vie, comme de belles filles que vous embrassez, de belles filles avec qui vous couchez, des joies, des baisers, de l'affection, etc. Ce que vous aimez le plus dans votre vie, c'est la joie, la joie d'être comme ça, la joie de prendre du bon temps, de sortir et de faire la fête plus souvent que vous ne le devriez.

Ils détectent cette joie et l'apprécient, car la vie des gens est plutôt ennuyeuse et monotone. Si vous les faites rire, que vous leur apportez de la joie et qu'ils passent un bon moment avec vous, que vous leur racontez des histoires drôles, que vous êtes désinhibé et amusant, ils voudront être avec vous, car tout le monde aime s'amuser. Les amis qui sont enthousiasmés par votre personnalité débordante voudront également vous accompagner. Jouez de la musique, écoutez-la à fond et vivez chaque jour comme si c'était une putain de fête. Laissez les autres s'inquiéter et se laisser submerger, ce n'est pas pour vous, toujours optimiste, toujours actif, toujours avec de nouveaux projets passionnants. Vous apportez votre contribution, qui est la joie et le plaisir. La joie et le plaisir sont votre religion et vous les pratiquez constamment.

Fini les peurs, les insécurités, le qu'en-dira-t-on ! Vous faites ce que vous voulez quand vous le voulez, vous riez aux éclats, vous sifflez, vous chantez et vous dansez dans la rue, vous profitez de votre fête, rien ne peut vous enlever votre fête, votre fête est dans votre tête.

Les derniers hommes séduisent à la fin des temps, une fois de plus.

Oui, il y a eu un ange sex-terminateur qui n'est plus sex-terminateur et devient sex-ducteur. Ici et maintenant, j'écris ce livre pour vous, j'ai été un ange qui a vécu des aventures infinies, qui a décodé les femmes de toutes les façons, et qui a fait tout ce qu'on peut imaginer. J'ai tout écrit dans tous les livres.

Tout a été dit, tout a été écrit, tout est fait.

Tout ce que vous avez à faire, c'est de lire chacun des livres mentionnés ci-dessus et de vous entraîner à devenir cette excellente version de vous-même pour prendre le marché d'assaut. Après cela, profitez de l'émerveillement d'être un producteur de sexe capable d'attirer plus de filles qu'il ne peut en gérer.

Petit à petit, vous monterez d'un niveau et atteindrez le sommet, vous tomberez et vous vous relèverez, et vous vous relèverez encore, et ainsi de suite.

En fin de compte, si vous avez vraiment renoncé à la convention dans une mesure plus ou moins grande, vous vivrez une vie formidable en profitant des filles toute votre vie. Si vous le souhaitez, vous pouvez avoir une petite amie quand vous le voulez, faire ce que vous voulez, en revenant toujours au marché pour profiter de vos énormes capacités.

En tant qu'ancien ange tueur, je vous dis de ne pas vouloir être un ange tueur, d'être dans le jeu et d'en profiter pleinement.

Les meilleures aventures sont encore à venir.

Les meilleures femmes ne sont pas encore arrivées.

La plus grande puissance n'a pas encore été atteinte.

Nous sommes toujours en construction et notre travail n'est jamais terminé, mais nous sommes presque toujours compétitifs, sauf en temps de crise et de pause.

Notre environnement naturel est le pub et la discothèque, où l'on flirte.

Nous sommes les derniers hommes qui séduisent à la fin des temps, et après les pandémies et la merde de la fin des temps, les derniers hommes séduisent encore après la fin des temps en tant que survivants de tout.

Nous sommes là et nous ne nous arrêterons jamais.

Restez à l'écoute car mon prochain livre "The Detector" vous donnera les clés pour interpréter visuellement leur langage corporel.

Tout a été dit, tout a été écrit, tout est fait. Ha, ha, ha, ha, tout n'est jamais dit et fait, la production doit continuer, le spectacle doit continuer.

Je continuerai à faire des livres tant que je verrai quelque chose que je peux améliorer. La production dans ce domaine a été monstrueuse et je vais maintenant passer du temps à faire ce que j'aime le plus, la vraie production, le vrai moi. Cela fait trois ans que j'écris beaucoup, il est temps de jouer, il est temps de jouer, il est temps de jouer, il est temps de .....

Séduisez les jolies filles !

Pousser et tirer et l'état heureux.

L'un des éléments les plus importants de la séduction est peut-être votre état d'esprit. Lorsque vous vous sentez enthousiaste, confiant et assuré, lorsque vous êtes impatient d'entrer en contact avec les filles, lorsque vous n'avez pas peur d'elles, lorsque vous encouragez l'interaction, lorsque vous aimez les engager, c'est un excellent signe que vous êtes dans un état optimal pour les séduire. Vous êtes insouciant, désinhibé et amusant, les trois dis les plus puissants, vous les accompagnez d'un peu de confort et de complicité, vous faites de petites blagues, vous jouez avec elles, vous utilisez le tir à la corde, vous montrez un intérêt très clair puis vous le retirez en disant que ce n'était qu'une blague, vous leur faites ressentir des émotions puis vous les niez, dans cet état d'amusement, insouciant de tout, où vous vous amusez avec elles, mais où vous dites ensuite que ce n'est qu'un mensonge et que vous vous amusez vraiment avec elles ; vous montrez que vous avez toutes les armes pour séduire et elles aiment ça. D'accord, c'est très bien si vous tirez et poussez de manière modérée et occasionnelle. C'est de la maîtrise.

Vous continuez à jouer avec eux, à les taquiner davantage, à faire plus de blagues, à leur lancer des indices, à être insolent et à mélanger le tout avec humour.

Le fait de jouer avec elles, de montrer un intérêt sexuel et de le retirer ensuite, de les déconcerter, de partir du haut, de la supériorité du type qui a plein de femmes, qui joue avec une femme parce qu'il la voit comme une petite fille, comme quelqu'un qui a des qualités mais qui ne l'intéresse pas, et donc de les rendre folles. Mais comme je l'ai déjà dit, tout est dans la modération.

Tu ne peux faire ce push and pull que si tu es un con, quand tu n'aimes pas une fille et que tu ne te soucies pas d'elle, et que tu la tortures un peu. Cependant, vous devriez le faire lorsque vous l'aimez vraiment, en mode léger. Parfois, quelqu'un en fait trop avec les blagues et c'est un peu fatigant et lourd, mais si vous le faites juste assez, ce sera efficace.

Important.

Je n'aime pas abuser de cette méthode de push and pull, parce que j'ai l'impression qu'on les rabaisse et même qu'on les humilie un peu avec tant de plaisanterie et tant de supériorité. Je trouve souvent la personne qui le fait arrogante et désagréable, c'est pourquoi je n'utilise pas trop cette technique, car je la trouve désagréable envers elle et excessivement dévalorisante. Il faut le faire dans une petite mesure parfois, ne pas les dévaloriser tout le temps putain. Pour moi, la personne qui la pratique me semble très intéressée, voulant paraître indifférente, et je ne l'aime pas du tout.

Ils ne sont pas très appréciés, mais passer tout le temps à jouer, à faire des blagues, à les rabaisser constamment, me semble être pour les trous du cul. Des connards qui sont fatigants, désagréables et connards. Ces praticiens se vantent de leur suffisance et ce qu'ils me transmettent est tout le contraire, je les vois comme gluants, affamés, dépendants et super nécessiteux. Ils sont toujours très affectés par eux, ils ont l'air très nécessiteux parce qu'ils sont toujours en train de flirter et de faire des insinuations et ils sont excessivement artificiels.

Ils se croient supérieurs, veulent flirter devant vous, et c'est ce qu'ils veulent, que vous vous sentiez timide et stupide à côté d'eux parce que vous ne faites pas toutes leurs bêtises, leurs dénigrements et leurs blagues sur les filles.

Certaines personnes à faible estime de soi se font draguer, mais je ne les aime pas, et je ne les aime pas non plus, car je trouve désagréable de les rabaisser continuellement. Il faut s'amuser parfois à en faire un minimum dans les moments d'arrogance, mais ne pas en abuser.

Cette méthode échoue parce qu'il n'y a pas de connexion, pas de confort, pas de complicité et si vous l'attirez suffisamment avec la traction et la poussée, il manque quelque chose, il manque quelque chose pour que vous vous sentiez vraiment connecté avec elle, pour que vous aimiez quelque chose en elle et pour que vous l'appréciiez. Peu, mais quelque chose.

Le blagueur méprisant est un rustre, qui semble flirter et draguer, mais ne va pas trop loin, et qui frotte vraiment les gens avec son arrogance et ses blagues absurdes. Il n'est pas nécessaire d'être un tel connard.

Montrer de l'intérêt et le retirer ensuite pour plaisanter, jouer avec eux d'en haut, c'est bien, mais il ne faut pas se fatiguer et tout baser sur cela.

Il suffit d'être dans ce que j'ai appelé "l'état heureux". Cet état heureux est un état d'esprit dans lequel vous êtes amusant, joyeux et insouciant, mais aussi dans lequel vous vous connectez et créez un lien agréable.

Si tu joues un peu avec elles, elles n'ont pas du tout peur d'elles. Si tu joues avec les filles et que tu leur dis des choses amusantes, tu auras un bon pouvoir et tu seras attiré.

Parfois, à l'occasion d'une grande connexion et complicité avec elle, utiliser un peu de traction et de poussée, sans en faire trop, sans être un proxénète pendant une heure et la ridiculiser.

J'ai trop insisté sur la dureté et il est très important que vous vous concentriez sur l'atteinte de cet état heureux en utilisant la méthode jd. Vous devez non seulement pénétrer facilement, mais aussi prendre beaucoup de plaisir à le faire, jouer avec eux en les poussant et en les tirant très modérément, faire des avances ludiques, puis retirer votre intérêt.

Soyez dans un état de bonheur, utilisez la traction et la poussée aussi peu que possible, désinhibez-vous, coulez, n'ayez pas peur d'elles, amusez-vous, apportez votre putain de fête à l'intérieur et transmettez-la-leur en direct. Vous devez chercher plus à vous amuser qu'à flirter, à passer un bon moment, à rire, à les faire rire, à créer une attraction et **n'oubliez pas de créer une connexion** entre vous deux, elle doit être à l'aise avec vous aussi. Elle doit voir un petit côté positif en vous, sentir une connexion avec vous, sentir que vous vous souciez un peu d'elle et que sous l'apparence d'un homme confiant se cache une bonne personne.

Le pull and push dans son état le plus radical est utilisé par les gars qui sont arrogants, qui pensent qu'ils sont meilleurs que les autres, que les gens n'aiment pas, qui s'ils draguent quelqu'un c'est parce qu'ils n'ont pas d'estime de soi et qui ne sont pas vraiment de bonnes personnes, ni n'apportent quoi que ce soit de bon à la séduction. Ils créent de l'attraction mais pas de connexion.

Un chauffeur sexuel, même s'il est un salaud, même s'il est impudique, même s'il est coquin et même s'il se croit meilleur qu'eux, a un bon côté intérieur qu'ils entrevoient aussi parfois et qui crée suffisamment de liens et de réconfort pour qu'ils vous apprécient hautement.

On peut être sévère et on peut punir très sévèrement, mais je n'aime vraiment pas les plaisantins qui rabaissent sans cesse les filles. Le pull and push comme seule arme de séduction est utilisé par l'idiot du village, un imbécile qui pense avoir fait beaucoup en séduction en ramassant six filles et qu'un vrai producteur de sexe se retire rapidement du marché, parce que celui qui s'est donné tant de mal avec ses imbécilités à ne rien faire, le producteur de sexe le séduit en faisant le quart de son effort.

Les "oui" et les "non".

Je vais vous expliquer ici comment les femmes se comportent lorsque vous leur proposez quelque chose et, en général, comment savoir quand l'interaction va vers un oui ou vers un non. Les femmes communiquent de manière très indirecte et ambiguë, elles ont du mal à dire non, elles évitent la confrontation. Les femmes communiquent de manière très indirecte et ambiguë, elles ont du mal à dire non, elles évitent la confrontation ; il est donc très facile d'identifier quand l'interaction va vers le non et aussi quand elle va vers le oui.

Oui Non

Il s'écoule facilement. Des obstacles apparaissent constamment pour rester

La réunion sera organisée . La réunion n'aura pas lieu.

Elle vous appelle. Vous l'appelez.

Vous obtenez le rendez-vous la première fois. Et ainsi de suite.

Elle aime ce que vous lui dites. Elle est dégoûtée par vos loisirs.

Répondre rapidement aux messages. Les messages restent sans réponse pendant des jours.

Il vous donne le téléphone . Il vous donne d'autres moyens de contact que le téléphone.

Vous vous rencontrez dans moins d'une semaine . Le temps passe et la rencontre ne se concrétise pas

Il dit des choses et les fait. Il ne fait pas ce qu'il dit.

Elle est prête à se déplacer pour vous rencontrer. Elle ne veut pas voyager.

Posez des questions sur vous-même. Parlez d'elle.

J'avais hâte de les rencontrer. Moins on se hâte, mieux c'est

Elle a de la disponibilité. Elle est toujours occupée.

Il ne reporte jamais un rendez-vous. Il reporte les rendez-vous.

Vous avez envie de lui parler et vous êtes à l'aise. Il est frustrant de lui parler.

Il vous pose des questions sur vos anciennes petites amies. Il vous dit qu'il espère que vous trouverez l'amour

Il t'appelle par ton nom Il t'appelle ami.

Ce qu'il vous dit de son passé est peu détaillé. Il vous parle en détail de ses affaires passées.

Montre de l'intérêt pour faire des choses avec vous. Parle de vous présenter à ses amis.

Lorsque vous prenez un rendez-vous, respectez l'heure. Il y a toujours des retards.

Elle vous fait confiance. Elle se définit comme méfiante.

Il dit "nous". Il ne dit jamais "nous".

Il dit des phrases avec une double intention sexuelle. Il ne dit jamais de choses avec une double intention sexuelle.

Vous parlez de questions sexuelles. Les sujets sexuels sont absents de la conversation.

Il vous écoute et s'intéresse aux choses que vous lui dites. Vous pouvez voir qu'il ne se soucie pas de vous.

Tu penses à elle et tu l'aimes bien. Tu penses à elle et tu ne l'aimes pas.

Elle rit des choses que vous dites. Fade et sec.

Communique souvent Si vous ne lui parlez pas, elle ne vous parle pas.

En votre présence, elle s'approche physiquement de vous. Lorsque vous êtes avec elle, elle s'éloigne de vous.

À vous de jouer Ce n'est pas votre tour.

Il vous considère comme un gentil garçon. Il fait ressortir vos défauts physiques et de personnalité.

En interagissant avec elle, vous vous sentez attiré. Vous pouvez voir qu'elle vous apprécie beaucoup.

Approuvez votre passé. Considérez que votre passé n'est pas normal.

Accepter vos propositions. Considérer qu'il est trop tôt.

Il vous donne confiance et vous encourage à être vous-même. Il vous cajole et vous minimise.

Il vous valorise. Il vous rabaisse.

Dans la colonne "oui", la fille vous a reconnu comme un homme apte à être avec elle, et peut même vous avoir déjà présélectionné, vous accordant un traitement de faveur par rapport aux autres. Dans la colonne "non", elle vous repousse toujours, répond aux ambiguïtés, vous met des bâtons dans les roues, vous dit des choses désagréables, ne vous apprécie guère. Dans ce cas, elle vous a déjà qualifié d'**inapte à être** avec elle, mais elle n'ose pas le dire ouvertement, alors elle va vous épuiser, vous allez essayer de faire bouger les choses, mais elle ne dira pas un non franc, un non ouvert, sa stratégie consistera à reporter et reporter, et à trouver des excuses, jusqu'à ce que vous en ayez assez et que vous finissiez par jeter l'éponge et abandonner.

Ils ne sont pas directs, ils ont du mal à se confronter, ils préfèrent cette stratégie des obstacles et des excuses.

Lorsque vous parlez à plusieurs femmes sur Internet ou dans la vie réelle, évaluez-les sur cette échelle, et placez en premier dans vos préférences celles qui ont la plus grande proportion de "oui" et en dernier celles qui ont la plus grande proportion de "non". Ceux dont le comportement se situe presque toujours dans la colonne "non" ne valent pas la peine d'insister, abandonnez-les, n'essayez pas de les rencontrer ou quoi que ce soit d'autre, s'ils sont intéressés, ils parleront, ce qu'ils ne feront pas, car c'est ainsi qu'ils commencent, c'est ainsi qu'ils finissent, et s'ils ont rendu les choses difficiles au début, ils les rendront encore plus difficiles à la fin, alors ne vous concentrez que sur ceux qui ont une forte proportion de "oui". Ne vous occupez que de ceux qui ont une forte proportion de "oui", ne vous occupez que des plus faciles, écartez les plus difficiles et laissez-les s'en accommoder.

Dernier conseil.

L'ange sex-terminateur est un état très fou, il faut se battre, ne pas se contenter. Si vous voulez vous défoncer dans la séduction, je vous donne quelques derniers conseils pour vous aider à y parvenir.

- Ne vous découragez pas, c'est très difficile et vous devez y faire face.
- Être prêt à tout sacrifier pour séduire.
- Étudiez la méthode JD et lisez tous mes livres.
- Apprenez à vous comporter correctement avec eux une fois qu'ils sont liés.
- Ne vous faites pas d'illusions.
- Il faut y consacrer beaucoup d'efforts et de pratique.
- Soyez patient.
- Profitez de tout, de l'interaction, de l'apprentissage, de l'échec et de la victoire.
- Visualisez-vous en train d'atteindre vos objectifs.
- Soyez fiers d'être un homme.
- Soyez fiers de faire ce que vous faites.
- Une fois lié, ne pas ramollir plus que juste ce qu'il faut.
- Persévérer et tout surmonter, les crises, les petites amies, les échecs.
- Sachez que même si c'est difficile, c'est la plus belle vie du monde.
- Le succès dépend exclusivement de vous, car vous pouvez

changer toutes les circonstances.

- Prendre plus de risques.
- Commencez dès aujourd'hui.
- Célébrez vos succès.
- Accordez-vous une plus grande valeur qu'eux.
- Prenez soin de votre physique et de votre image.
- Travaillez sur l'idée que vous vous faites de la personne que vous voulez être.
- Suivez-moi sur les médias sociaux.

Jouons !

Did you love *L'ange Sex-exterminateur*? Then you should read *Maître en séduction*[1] by John Danen!

[2]

Dans ce livre, vous apprendrez à séduire et à sexduire, à vous épanouir dans les domaines que vous souhaitez, et pas seulement la séduction. En renforçant votre esprit, vous serez en mesure d'atteindre tous vos objectifs.

C'est un condensé de toute la sagesse acquise au cours de décennies d'expérience. Vous y apprendrez à être tout ce que vous voulez être, un formidable séducteur ou tout ce que vous désirez. Vous pouvez récupérer votre ex, ou trouver une petite amie. Tout y est, la séduction, le développement personnel, et même des techniques secrètes que j'utilise et qui frôlent la magie.

---

1. https://books2read.com/u/47gk77

2. https://books2read.com/u/47gk77

Also by John Danen

Seduction 5.0

S.A.X.

Chicas complicadas

Seducción 5.0

El libro del tonto

Macho Alpha

Macho alpha extracto

La seducción después de la pandemia

Terriblemente atractivo

Seducción 5.1

Sedução 5.1

How to be Cool and Attractive

Sedução. Avançada. X.

Garotas complicadas

¡Basta de ser buen chico! Sé un chico malo.

El método JD. El método de seducción de John Danen

El arte de agradarte a ti mismo

¡Basta ya de abusos! ¡Defiéndete!

Enought with the abuse! Defend yourself!

Máster en seducción

Las mujeres. El amor. Y el sexo.

Supera la dependencia emocional

Atrae mujeres con masculinidad

JD Absoluta seducción

El fracaso del amor

Entender a las mujeres

La vida del seductor sinvergüenza y encantador.

El arte de la dureza

Terrivelmente atraente

Deixe de ser um bom da fita! Seja um mauzão.

Superar a dependência emocional

A arte de se agradar

Pare o abuso! Defenda-se!

O fracasso do amor.

O método JD

Don´t Be a Good Boy! Be a Badass

Complicated girls

The Art of Pleasing Yourself

Duro y Sinvergüenza

Mestre en sedução

JD Method

The Failure of Love. The Trap of Serious Relationships

Master in Seduction

A. S. X. Advanced. Seduction. X

Women. Love. Sex

How to Become a Real Man. Be an Alpha Male

Attract Women with Masculinity

JD Absolut Seductión

Understanding Women

The Life of the Shameless and Charming Seducer.

The Art of Toughness

Tough and Shameless

Überwindung der Emotionalen Abhängigkeit

Maître en séduction

Schrecklich Attraktiv

Surmonter la Dépendance Émotionnelle

L'art de la dureté

Die Kunst der Zähigkeit

Hör auf, ein guter Junge zu sein, sei ein böser Junge

Assez D'être un Bon Garçon ! Sois un Mauvais Garçon.

Die Kunst, sich Selbst zu Gefallen

Dur et sans Vergogne

Hart im Nehmen und Schamlos

L'art de se Plaire à soi-Même

Das Scheitern der Liebe

L'échec de L'amour.

Meister der Verführung

Die JD-Methode

Maestro di Seduzione

Terriblement Attrayant

La Méthode JD

Capire le donne

Compreendendo as Mulheres

Comprendre les Femmes

Die Frauen Verstehen

Les Filles Compliquées

Komplizierte Mädchen

JD Séduction Absolue

La Vie du Séducteur Charmant et sans Vergogne

Les Femmes. L'amour. Et le Sexe.

Mâle Alpha

S.A.X.

V.F.X.

Donne. Amore. E il sesso.

Ragazze Complicate

Superare la Dipendenza Emotiva

Seduzione. Avanzata. X.

Dark Seducción

Il Fallimento Dell'amore.

Il Metodo JD

Alphamännchen

Atrair Mulheres com Masculinidade
Attirare le donne con la Mascolinità
Attirer les Femmes par la Masculinité
Mit Männlichkeit Frauen Anziehen
Frauen. Liebe. Und Sex.
L'arte di Piacere a se Stessi
Mulheres. Amor. E Sexo.
JD Seduzione Assoluta
JD Absolute Verführung
JD Sedução Absoluta
Das Leben des charmanten, schamlosen Verführers
Smettila di Fare il Bravo Ragazzo! Essere un Cattivo Ragazzo.
La Vita del Seduttore Affascinante e Spudorato
A Vida do Sedutor Encantador e sem Vergonha
Macho Alfa
Uomo Alfa
Séduction 5.0
Verführung 5.0
Seduzione 5.0
Duro e Senza Vergogna
Duro e Sem Vergonha
L'arte della Durezza
A Arte da Dureza
The Fool's Book
Das Buch der Dummköpfe
Il Libro dei Pazzi
O Livro do Tolo
Dark Seduction
Dunkle Verführung
Sedução Escura
Dark Seduction
Seduzione Oscura
Le livre du fou

Como materializar lo que deseas con el fxxxxxx power
Como materializar o que você quer com o Fxxxxxx Power
El ángel Sex-terminador
El seductor vampiro
O Vampiro Sedutor
Sex-Terminating Angel
The Vampire Seducer
How to Materialize What You Want With The Fxxxxxx Power
El camino del maestro
Il vampiro seduttore
O camiño do mestre
La via del maestro
Der verführerische Vampir
Le sedusant vampire
Der Weg des Meisters
La voie du maître de la séduction
Master's Path
Come materializzare ciò che si desidera con il Fxxxxxx Power
Wie Sie Ihre Wünsche verwirklichen können mit dem Fxxxxxx Power
El método EDP
O método EDP
The E.D.P. Method
Comment matérialiser ce que vous désirez avec le Fxxxxxx power
El hombre invencible
The EDP Method
O Homem Invencivel
l´Homme Invincible
l´Uomo Invincible
Der unbesiegbare Mann
Invincible Man
O Anjo Sex-Exterminador
La Méthode EDD
L'ange Sex-exterminateur

About the Author

Español.

Soy un hombre vividor y divertido que busca el lado bueno de las cosas siempre.

Mi experiencia es el campo de las relaciones personales y de la seducción. Por eso tras dedicarme larguísimas décadas a ello, quiero trasmitir mis conocimientos. Para que las nuevas generaciones tengan unos conceptos que les den una ventaja competitiva sostenible y poderosa en el campo del amor.

Quiero ayudarte a a conseguir tus metas.

Portugués.

Sou um homem animado, e divertido, que sempre procura o lado bom das coisas.

Minha experiência está no campo das relações pessoais e da sedução. É por isso que, após décadas de dedicação a ela, quero transmitir meus conhecimentos.

Quero ajudá-los a alcançar seus objetivos.

Inglés

I am a lively and fun man, who always looks for the good side of things.

My experience is in the field of personal relationships and seduction. That is why, after decades of dedicating myself to it, I want to pass on my knowledge. So that the new generations have concepts that give them a sustainable and powerful competitive advantage in the field of love.

I want to help you achieve your goals

Français Je suis un homme vif et drôle qui cherche toujours le bon côté des choses.

Mon expérience se situe dans le domaine des relations personnelles et de la séduction. C'est pourquoi, après m'y être consacré pendant des décennies, je veux transmettre mes connaissances. Pour que les nouvelles générations disposent de concepts qui leur donnent un avantage concurrentiel durable et puissant dans le domaine de l'amour.

Je veux vous aider à atteindre vos objectifs.